O REGIME JURÍDICO DAS PARCERIAS NA LEI Nº 13.019/2014

NATÁLIA DE AQUINO CESÁRIO

Prefácio
Thiago Marrara

Apresentação
Rodrigo Pagani de Souza

O REGIME JURÍDICO DAS PARCERIAS NA LEI Nº 13.019/2014

Belo Horizonte

FÓRUM
CONHECIMENTO JURÍDICO
2021

© 2021 Editora Fórum Ltda.

É proibida a reprodução total ou parcial desta obra, por qualquer meio eletrônico, inclusive por processos xerográficos, sem autorização expressa do Editor.

Conselho Editorial

Adilson Abreu Dallari
Alécia Paolucci Nogueira Bicalho
Alexandre Coutinho Pagliarini
André Ramos Tavares
Carlos Ayres Britto
Carlos Mário da Silva Velloso
Cármen Lúcia Antunes Rocha
Cesar Augusto Guimarães Pereira
Clovis Beznos
Cristiana Fortini
Dinorá Adelaide Musetti Grotti
Diogo de Figueiredo Moreira Neto (*in memoriam*)
Egon Bockmann Moreira
Emerson Gabardo
Fabrício Motta
Fernando Rossi
Flávio Henrique Unes Pereira

Floriano de Azevedo Marques Neto
Gustavo Justino de Oliveira
Inês Virgínia Prado Soares
Jorge Ulisses Jacoby Fernandes
Juarez Freitas
Luciano Ferraz
Lúcio Delfino
Marcia Carla Pereira Ribeiro
Márcio Cammarosano
Marcos Ehrhardt Jr.
Maria Sylvia Zanella Di Pietro
Ney José de Freitas
Oswaldo Othon de Pontes Saraiva Filho
Paulo Modesto
Romeu Felipe Bacellar Filho
Sérgio Guerra
Walber de Moura Agra

FÓRUM
CONHECIMENTO JURÍDICO

Luís Cláudio Rodrigues Ferreira
Presidente e Editor

Coordenação editorial: Leonardo Eustáquio Siqueira Araújo
Aline Sobreira de Oliveira

Av. Afonso Pena, 2770 – 15º andar – Savassi – CEP 30130-012
Belo Horizonte – Minas Gerais – Tel.: (31) 2121.4900 / 2121.4949
www.editoraforum.com.br – editoraforum@editoraforum.com.br

Técnica. Empenho. Zelo. Esses foram alguns dos cuidados aplicados na edição desta obra. No entanto, podem ocorrer erros de impressão, digitação ou mesmo restar alguma dúvida conceitual. Caso se constate algo assim, solicitamos a gentileza de nos comunicar através do *e-mail* editorial@editoraforum.com.br para que possamos esclarecer, no que couber. A sua contribuição é muito importante para mantermos a excelência editorial. A Editora Fórum agradece a sua contribuição.

Dados Internacionais de Catalogação na Publicação (CIP) de acordo com a AACR2

C421r	Cesário, Natália de Aquino
	O regime jurídico das parcerias na Lei nº 13.019/2014 / Natália de Aquino Cesário.– Belo Horizonte : Fórum, 2021.
	158 p.; 14,5x21,5cm ISBN: 978-65-5518-219-4
	1. Direito Administrativo. 2. Direito Civil. 3. Empresas Estatais. I. Título.
	CDD 341.3 CDU 342.9

Elaborado por Daniela Lopes Duarte - CRB-6/3500

Informação bibliográfica deste livro, conforme a NBR 6023:2018 da Associação Brasileira de Normas Técnicas (ABNT):

CESÁRIO, Natália de Aquino. *O regime jurídico das parcerias na Lei nº 13.019/2014.* Belo Horizonte: Fórum, 2021. 158 p. ISBN 978-65-5518-219-4.

À minha mãe Isabel, mulher forte que sempre proporcionou os meios para que eu alcançasse meus sonhos.

Ao meu noivo Michel, que traz o amor, o companheirismo e a paz aos meus dias.

AGRADECIMENTOS

A obra é fruto da dissertação de mestrado que defendi na Faculdade de Direito da Universidade de São Paulo no ano de 2018, perante banca composta pelos professores Thiago Marrara (USP), Rodrigo Pagani de Souza (USP), Natasha Schmitt Caccia Salinas (FGV/ RJ) e Silvio Luís Ferreira da Rocha (PUC-SP).

Foi uma jornada longa e engrandecedora que só foi possível com a presença das pessoas que, ao meu lado, contribuíram com minha evolução acadêmica e pessoal.

Primeiramente, agradeço a meu orientador do mestrado e amigo, professor Thiago Marrara, por ter acreditado em mim e proporcionado a participação em diversos projetos acadêmicos desde a graduação na Faculdade de Direito de Ribeirão Preto da Universidade de São Paulo, como artigos, monitorias, seminários, o que, acima de tudo, fez com que eu também acreditasse no meu potencial. É uma inspiração como pessoa e como profissional, sempre atento para ajudar ao próximo.

Ao professor Rodrigo Pagani de Souza, orientador do doutorado, que tanto contribuiu com minha participação na vida acadêmica na Faculdade de Direito da Universidade de São Paulo, sempre disposto a aconselhar e ouvir, e viabilizou minha participação em monitorias e possibilitou ampliar a minha visão e perceber quão grandioso é o trabalho de um professor, que vai muito além das horas na frente de seus alunos.

Aos professores Silvio Luís Ferreira da Rocha e Natasha Schmitt Caccia Salinas, membros da banca, sempre dispostos a ajudar, ouvir e contribuir. Os diversos trabalhos de suas respectivas autorias engrandeceram minha pesquisa e a pesquisa de diversos estudiosos no Terceiro Setor.

Ao professor Marcos Augusto Perez, que ministrou a disciplina "Atividade Administrativa de Fomento", em conjunto com o professor Rodrigo Pagani de Souza, e aos professores Floriano de Azevedo Marques Neto, Carlos Ari Sundfeld e Marçal Justen Filho, que ministraram a disciplina "Contrato Administrativo: Crise e Superação".

As duas disciplinas foram essenciais para o desenvolvimento desta obra e proporcionaram ensinamentos que foram incorporados ao trabalho.

Aos meus amigos de pós-graduação, que muito me ajudaram, ensinaram e compartilharam suas angústias nesses duros e brilhantes anos, em especial, Leticia Alencar, Mário Saad, Anna Savioli, Natália Souza, Raphael Cardoso, Marcela Santos, Natalia Rebello, Leonardo Oliveira, Bruno Fagali, Ingrid Mian, Paulo Macera e Carolina Dalla Pacce.

Agradeço aos meus antigos e eternos amigos que sempre pude contar com o abraço para comemorar e o ombro para chorar, em especial Livia Neves, Caroline Olivetti, Juliana Lima, Priscila Bittencourt, Gabriela Araújo, Bruna Coghi, Monique dos Santos, Luiz Filipe Aguilar e Caio Pires.

À equipe do Centro de Pesquisa Jurídica Aplicada da FGV Direito SP, que possibilitou muitas discussões interessantes e importantes sobre as Organizações da Sociedade Civil. Agradeço em nome dos(as) excelentes pesquisadores(as) Aline Souza, Carolina Gabas Stuchi, Bianca Waks, Eduardo Pannuzio, Thiago Donnini, Augusto Hirata e Natasha Salinas.

Aos colegas e amigos do Foro Regional de São Miguel Paulista, em especial Lilian Sayed, Fábio Henrique Falcone Garcia e Tânia Marsura, que sempre apoiaram minha trajetória acadêmica, possibilitando compatibilizar meu trabalho com os estudos.

Ao corpo editorial, pelas sugestões e correções incorporadas ao texto.

Ao meu noivo, companheiro, amigo e amor, Michel Rodrigo Calabraro, que sempre me aplaudiu e entendeu minha rotina de pós-graduanda, tanto no mestrado como no doutorado. Obrigada por compreender, esperar e apoiar, sempre com um sorriso no rosto e um abraço aconchegante.

Agradeço enormemente (e principalmente) a minha família, cujo apoio incondicional proporcionou que eu realizasse meus sonhos, sempre pacientes, amorosos e torcendo por mim. Aos meus pais, irmãos, primos, tios e avós, em especial minha mãe Isabel Cristina Vieira de Aquino, mulher batalhadora que moveu mundos para dar a melhor educação que poderia me proporcionar, seguindo os ensinamentos de meus amados avós Maria Apparecida de Andrade Aquino e Luiz Vieira de Aquino, que sempre falaram: "a educação é a única e melhor herança que posso deixar para você".

Uma criança, um professor, um livro e um lápis podem mudar o mundo.

(Malala Yousafzai)

LISTA DE ABREVIATURAS E SIGLAS

ABONG Associação Brasileira de Organizações Não Governamentais

APEMAS Associação de Proteção ao Meio Ambiente

CEBAS Certificado de Entidade Beneficente de Assistência Social

CEBRAF Confederação Brasileira de Fundações

CF Constituição Federal

CLAI-BRASIL Conselho Latino-Americano de Igrejas

CONCRAB Confederação das Cooperativas de Reforma Agrária do Brasil

DOU Diário Oficial da União

ETS Estatuto do Terceiro Setor (Anteprojeto de Lei)

FENAPAE Federação Nacional das Apaes

FGEB Fundação Grupo Esquel Brasil

GIFE Grupo de Institutos Fundações e Empresa

GTI Grupo de Trabalho Interministerial

IBGE Instituto Brasileiro de Geografia e Estatística

INESC Instituto de Estudos Socioeconômicos

IPEA Instituto de Pesquisa Econômica Aplicada

ISA Instituto Socioambiental

MP Medida Provisória

MROSC Marco Regulatório das Organizações da Sociedade Civil

OS Organização Social

OSC Organização da Sociedade Civil

OSCIP Organização da Sociedade Civil de Interesse Público

STF Supremo Tribunal Federal

STJ Superior Tribunal de Justiça

TUP Título de Utilidade Pública

TCU Tribunal de Contas da União

UNICAFES União das Cooperativas de Agricultura Familiar e Economia Solidária

SUMÁRIO

PREFÁCIO
Thiago Marrara 15

APRESENTAÇÃO
Rodrigo Pagani de Souza 19

INTRODUÇÃO 27

CAPÍTULO 1
O TERCEIRO SETOR E O TRATAMENTO JURÍDICO
DE SUAS PARCERIAS COM O ESTADO 31

1.1 O Terceiro Setor: importância e deficiências na atualidade 39

1.2 Breve análise da atividade administrativa de fomento no
Terceiro Setor 44

1.3 A necessidade de instrumentos de formalização das parcerias.........52

CAPÍTULO 2
ANÁLISE DA LEI DE PARCERIAS DAS ORGANIZAÇÕES DA
SOCIEDADE CIVIL COM O ESTADO (LEI Nº 13.019/2014) 55

2.1 Contexto do surgimento da Lei nº 13.019/2014 55

2.2 Denominação: Organização da Sociedade Civil 61

2.3 Abrangência da Lei nº 13.019/2014 64

2.4 Aplicabilidade e inaplicabilidade da Lei nº 13.019/2014 68

2.5 Breve análise das Leis nº 13.019/2014 e nº 13.204/2015 no que
se refere às parcerias com as Organizações da Sociedade Civil.........71

2.5.1 Fase de planejamento...76

2.5.1.1 O Procedimento de Manifestação de Interesse Social.......................76

2.5.1.2 Capacitação de profissionais 77

2.5.1.3 Instalações prévias..77

2.5.1.4 O plano de trabalho 78

2.5.2 Fase de seleção 81

2.5.2.1 A comissão de seleção 81

2.5.2.2 Regularidade trabalhista 81

2.5.2.3 Chamamento público 82

2.5.2.4 Contratação direta da entidade parceira 84

2.5.2.5 Atuação em rede...89

2.5.3 Fase de execução..89

2.5.4 Fase de monitoramento e avaliação...91

2.5.5 Fase de prestação de contas 92

2.5.5.1 Revogação do regulamento de compras da OSC 93

2.5.5.2 Falta da publicidade das demonstrações contábeis............94

CAPÍTULO 3
O REGIME JURÍDICO DAS PARCERIAS DO ESTADO COM AS ORGANIZAÇÕES DA SOCIEDADE CIVIL...97

3.1 Disposições preliminares..97

3.1.1 Estudos anteriores à Lei nº 13.019/2014 98

3.1.2 Regime jurídico contratual das parcerias com o Terceiro Setor 104

3.1.3 Autonomia para legislar dos entes federados.......................107

3.2 Quais são atualmente os instrumentos de formalização das parcerias do Estado com o Terceiro Setor?.....................110

3.2.1 Terminologia dos instrumentos previstos na Lei nº 13.019/2014 113

3.2.2 Os convênios ainda existem?...117

3.2.3 Fuga à aplicação da Lei nº 13.019/2014? 121

3.2.4 O Programa Nacional de Publicização 123

3.3 Cenário atual das parcerias do Estado com o Terceiro Setor 125

3.4 Cláusulas exorbitantes nas parcerias......................................128

3.5 Formalização, execução e alteração das parcerias 132

3.6 Extinção das parcerias...136

3.7 Responsabilidade e sanções 138

3.8 Recursos administrativos 140

CONSIDERAÇÕES FINAIS..143

REFERÊNCIAS...151

PREFÁCIO

Facilitada pela competência legislativa do Congresso Nacional para editar normas gerais de contratação em todas as suas modalidades e baseada na crença de que a formação de consensos permite ao Estado atingir com mais facilidade e menos resistência os objetivos públicos que a Constituição lhe atribui, a onda de contratualização invadiu o Direito Administrativo brasileiro nos últimos 30 anos.

Nos idos da década de 1990, refizeram-se de início as normas gerais sobre os contratos quotidianos de fornecimento de bens, prestação de serviços e construção de obras à Administração. Nasceu, naquele momento, a detalhada Lei Geral de Licitações, uma verdadeira lei-cartilha que, praticamente, aniquilou o espaço de criatividade legislativa dos Estados e Municípios na matéria.

Em seguida, inaugurou-se um novo marco nacional para as concessões de serviços públicos, reforçado anos mais tarde pela legislação de parcerias público-privadas. A renovação das modalidades e regimes dos módulos concessórios abriu espaço para a desestatização de incontáveis tipos de serviços públicos, inclusive serviços indivisíveis que não se acoplavam adequadamente à figura da concessão comum, sustentada com as tarifas dos usuários.

Ainda na mesma década de 1990, a contratualização desbordou os seus campos tradicionais e permeou atividades em que, outrora, a Administração operava com base em atos administrativos, unilateralmente firmados e executados sem grande preocupação com os destinatários. Isso se vislumbra em duas vertentes. Transformou-se a lógica da ação estatal tanto no exercício do poder de polícia quanto no exercício do fomento e cooperação com a sociedade.

Na esfera da cooperação pública com a sociedade, em especial com o chamado setor público não estatal, abrangente do Terceiro Setor, o Congresso Nacional incialmente editou leis restritas à União, com destaque para a Lei das OSCIP e para a polêmica Lei das OS – a bem da verdade, uma figura concessória disfarçada. Percebeu-se, contudo, que a renovação legislativa restrita à União não foi suficiente.

Escândalos e desvios contaminavam as relações do Estado com o Terceiro Setor, sobretudo nos níveis infranacionais. Era imprescindível, pois, ir além; criar uma lei nacional, vinculante de todos os entes federativos e que viesse a modificar os contornos e as práticas de cooperação com o Terceiro Setor.

Conhecida como "Marco Regulatório das Organizações da Sociedade Civil" – MROSC, a Lei nº 13.019 é o fruto dessa constatação. Complexa, longa e altamente burocratizante, essa nova lei solidifica a contratualização no Brasil e, ao mesmo tempo, visa responder a anseios mais recentes da população pelo combate à corrupção e pela melhoria do gerenciamento da máquina estatal e dos recursos públicos.

Essas finalidades ficam evidentes na previsão legal do chamamento público, modalidade de processo administrativo seletivo destinado a evitar que a Administração escolha de forma pouco republicana as entidades do Terceiro Setor que se beneficiarão do fomento. A mesma lógica se reflete na consagração de três novas espécies contratuais: o termo de fomento, o termo de colaboração e o acordo de cooperação. Esses modelos obrigacionais cooperativos passam, a partir de então, a guiar todas as relações do Estado com as Organizações da Sociedade Civil.

Os problemas jurídicos, entretanto, não desapareceram. Muito pelo contrário! Como dito, o MROSC é amplo, burocratizante, complexo, intricado, mas, ao mesmo tempo, lacunoso. Isso gera aos juristas as tarefas de esclarecer os comandos legais, interpretá-los conforme a Constituição e, igualmente, superar inúmeras lacunas. Acarreta também o desafio de verificar em que medida princípios e regras regentes de outras modalidades de contratos públicos estendem-se aos contratos de cooperação com as OSC.

A dissertação de mestrado de Natália de Aquino Cesário, que tive a satisfação de orientar no programa de pós-graduação da Faculdade de Direito da USP, resolve parte significativa dessas várias dificuldades! Escrita com clareza e profundidade técnica, a obra se divide em três partes. Na primeira, abordam-se os conceitos jurídicos basilares, com destaque para a atividade administrativa de fomento, a valorização do Terceiro Setor nas últimas décadas e como as relações desse setor com o Estado se desenvolviam antes do MROSC. Na segunda, apresenta-se criticamente a Lei nº 13.019/2014, trazendo-se um balanço de seus aspectos positivos e negativos. Finalmente, na terceira parte, desenvolve-se uma ampla e completa análise do regime jurídico das parcerias do Estado com as OSC. Aqui, busca-se esclarecer o regime jurídico dos três instrumentos de pactuação previstos na lei.

A obra ora trazida a público, por suas abrangentes contribuições, tem um papel extremamente relevante. Ao decifrar os segredos do MROSC, superar suas lacunas e dificuldades interpretativas, faz a ciência do Direito Administrativo avançar, mas não só! Tem ainda a virtude de oferecer aos agentes públicos, na execução ou no controle, os conhecimentos necessários para transformar positivamente as práticas de cooperação com o Terceiro Setor e viabilizar a gestão dos contratos de cooperação de maneira segura, eficiente, lícita e proba.

Thiago Marrara

Professor da Faculdade de Direito de Ribeirão Preto da USP. Livre-docente em Direito Administrativo pela FD (USP) e Doutor em Direito Público pela Ludwig Maximilians Universität (LMU) de Munique, Alemanha. Advogado e consultor jurídico em São Paulo.

APRESENTAÇÃO

Por que um trabalho sobre o regime jurídico das parcerias do Estado com as organizações da sociedade civil, tal qual delineado pela Lei nº 13.019/2014? Por múltiplas razões. As parcerias do Estado com as organizações da sociedade civil, antes do advento da Lei nº 13.019/2014, careciam de uma disciplina legislativa sistemática no Brasil. Havia uma quase-lacuna legal na matéria – e muita insegurança jurídica. A rigor, podia-se até dizer que o tema era regrado por certa fórmula legal que, embora oca e enigmática, fazia-se presente: "aplicam-se as disposições desta Lei, no que couber, aos convênios, acordos, ajustes e outros instrumentos congêneres celebrados por órgãos e entidades da Administração" (Lei nº 8.666/93, art. 116). Era a fórmula prevista na chamada lei geral de licitações e contratos administrativos; aquele diploma aplicava-se, *no que couber*, às tais parcerias, assim regradas inegavelmente por ele; mas as dúvidas acerca do que efetivamente poderia ser considerado cabível remanesceram por décadas. A má técnica legislativa – pela qual se legisla, mas de maneira omissa e incerta, relegando ao aplicador o ônus de decidir sem critérios preclaros qual a norma aplicável – vigorou por anos a fio. A lei chutara o problema para frente, sem resolvê-lo.

Tal estado de coisas talvez se pudesse compreender, embora não justificar, ao seu tempo. Isso porque nos idos de 1993, naquele amanhecer da jovem democracia brasileira, projetada pela Constituição promulgada apenas cinco anos antes, quiçá a nação ainda não tivesse logrado espreitar, ali logo adiante, toda a pujança que adviria do chamado Terceiro Setor e o potencial das parcerias do Estado com ele, numa democracia vibrante, sadia e prenhe de participação da sociedade civil. A sufocante experiência da ditadura militar no Brasil ainda ecoava, numa sociedade quiçá ainda anestesiada e certamente traumatizada pelas suas vozes aniquiladas num passado ainda não muito distante, sem que o horizonte estivesse de todo limpo. Mas, com o Estado Democrático de Direito instaurado – não apenas como utopia, mas como norma constitucional –, era questão de tempo e luta, sob a proteção dos direitos e garantias constitucionais, para as vozes voltarem a ser ouvidas, a colaboração entre sociedade civil e Estado reemergir, as parcerias e o fomento vicejarem e toda a legislação ser aperfeiçoada para dar impulso ao Terceiro Setor. Um pilar democrático vital não caberia mais no segundo plano.

A (re)emergência do Terceiro Setor e a proliferação de parcerias do Estado com ele – por múltiplas razões, entre as quais o processo de democratização do País – viriam a evidenciar, paulatinamente, que os recursos financeiros envolvidos nessas parcerias seriam de monta, os recursos humanos expressivos e os interesses públicos envolvidos sobremodo importantes. Entre os valores constitucionais em jogo, certamente estariam as liberdades de associação e de expressão, a cidadania, o controle social, a construção de uma sociedade livre, justa e solidária, a eficiência administrativa, entre outros. Com tudo isso aflorando no País a partir da nova ordem jurídico-política inaugurada em 1988, a lacônica disciplina legal do tema fixada em 1993 foi rapidamente demonstrando-se incondizente com a importância do assunto.

Com o diploma de 2014, finalmente uma sistemática disciplina legal do tema exsurge no Direito brasileiro, como assinalado. Ainda assim, com muitos acidentes e atrasos no percurso – p. ex., uma extensa *vacatio legis*, repetidas vezes prorrogada por pressão das organizações impactadas e preocupadas com as adaptações necessárias; alterações na lei durante a própria *vacatio*, para amenizar aspectos mais excessivos e tornar sua aplicabilidade mais viável; entrada em vigor para Municípios apenas no ano de 2017; entre outros.

Mesmo com todos os percalços, foi positiva a edição de uma lei ao menos no sentido elementar de ter suplantado o enigma legal anterior – e toda a insegurança jurídica que ele implicava. É verdade que, sob a cláusula legal do "no que couber", erigira-se um grande edifício infralegal, baseado em decretos, portarias interministeriais, instruções normativas e assemelhados, todos para ditar aquilo que a lei se recusara a fazer. Mas mesmo este esforço notável não garantia a necessária segurança jurídica. Por exemplo, experimentos preocupantes eram feitos à custa das organizações da sociedade civil, como o de um decreto federal que, subitamente, exigira delas que, recebendo recursos financeiros federais via parcerias, só os gastassem mediante licitação na modalidade de pregão. Sim, era o Estado exigindo que se comportassem exatamente como se Estado fossem, apesar de serem organizações civis; para gastar, decretou-se que teriam então que licitar (supondo-se aí uma capacitação para cuidarem de editais, sua publicação oficial, condução de certames entre fornecedores com altíssima formalidade, conhecimento das práticas licitatórias, etc.).

A desarrazoada exigência imposta a organizações civis – como se num passe de mágica pudessem passar a atuar como se repartições públicas estatais fossem, e das mais expertas – obviamente não pôde perdurar muito e precisou ser derrogada. Este é apenas um exemplo ilustrativo de um problema maior, de insegurança jurídica, oriundo de castelo jurídico infralegal que se erguera a partir de frágeis e porosas bases legais, como o ditame do "no que couber" de 1993. Era evidente que precisávamos de uma nova lei.

De resto, a era das parcerias do Estado com a Administração Pública, a descortinar novas maneiras de pactuação com o setor privado, há muito florescia no Brasil e fora inclusive identificada pela doutrina.[1] E uma lei que sistematizasse normas gerais para as parcerias do Estado com as entidades privadas sem fins lucrativos era, já na virada ao século XXI, para quem mirasse o ordenamento atentamente, uma medida absolutamente necessária.

Mas há uma terceira razão – isto é, não fosse para *combater a insegurança jurídica* ou para *modernizar as parcerias* do Estado com um florescente setor da economia – o setor dedicado precipuamente ao interesse público, embora não estatal –, seria para *combater a corrupção*. Deveras, ao longo das primeiras décadas do século XXI, algumas suspeitas e investigações de corrupção envolvendo repasses de recursos públicos a organizações da sociedade civil se tornavam notórias, a ponto de ameaçarem estigmatizar todo um setor da economia – o das Organizações Não-Governamentais (ONGs), para usarmos outra designação usual para o mesmo fenômeno – como envolvido em maracutaias. Impunha-se a necessidade de maior controle sobre a atividade de fomento estatal a essas entidades. Estigmatizá-las como corruptas, por outro lado, causou justificável repúdio, especialmente pela extensa lista de entidades sérias, de reputação e folhas de serviços prestados à sociedade inquestionáveis, que de repente se viram demonizadas por uma percepção disseminada de que o Terceiro Setor seria campo dado a negócios escusos com o setor público estatal. Era preciso combater os focos de corrupção – a começar pela reforma da legislação –, mas preservando-se o verdadeiro Terceiro Setor, tornando-se mais segura, eficiente, transparente e estimulante a sua relação com o Estado.

---

[1] Por seu pioneirismo, vale o destaque para a obra DI PIETRO, Maria Sylvia Zanella. *Parcerias na administração pública*. 1. ed. São Paulo: Atlas, 1993.

Se uma legislação era necessária por todas as razões supraenumeradas, uma dúvida remanesceria no ar após o jogo ser jogado, isto é, após lutar-se a luta democrática, debater-se uma proposição legislativa e, afinal, aprovar-se uma nova lei – esta sistematizante, claramente estruturante das relações de parceria do Estado com o Terceiro Setor, e portanto mais abrange do que as reformas legislativas experimentadas há mais de uma década (p. ex., ao final dos anos 1990, com as promissoras Leis das Organizações Sociais e das Organizações da Sociedade Civil de Interesse Público). A dúvida que ficou no ar desde então é: será que o tipo de diploma que se produziu – a Lei nº 13.019/2014 – atenderia às necessidades públicas e às melhores expectativas dos múltiplos atores afetados? Trocando em miúdos: precisávamos de uma lei, mas seria *esta* a lei?

Esta desafiadora indagação nos leva, já nos dias que correm, ao trabalho desenvolvido por Natália de Aquino Cesário, sobre *O regime jurídico das parcerias na Lei nº 13.019/2014*. Obra resultante de sua dissertação de mestrado, elaborada no âmbito do programa de pós-graduação da Faculdade de Direito da Universidade de São Paulo (FDUSP), sob a orientação segura do professor Thiago Marrara (USP), foi defendida pela autora perante banca examinadora presidida por ele, da qual tive a honra de participar como membro titular. Honra não só pelas qualidades de pós-graduanda dedicada e colaborativa da candidata – que tive o privilégio de testemunhar nas monitorias de graduação que fizera no Largo de São Francisco sob minha supervisão –, mas também pelas excepcionais qualidades dos colegas arguidores naquele evento. A começar por seu orientador, Prof. Thiago Marrara, brilhante administrativista, que certamente ajudara Natália a canalizar seus esforços nos melhores caminhos de pesquisa. Participou da banca, ainda, o professor Sílvio Luís Ferreira da Rocha (PUC-SP), a quem devemos um dos precursores trabalhos sobre o moderno Direito do Terceiro Setor no Brasil e o alerta para a redescoberta da atividade administrativa de fomento no Direito público brasileiro.[2] E também a professora Natasha Salinas (FGV-RJ), cujas pesquisas empíricas na matéria, rigor científico e incansável dedicação muito iluminaram os desafios que se apresentavam no âmbito deste incipiente ramo do Direito no Brasil, o atinente ao Terceiro Setor. Sentia eu, então, tendo

---

[2] ROCHA, Sílvio Luís Ferreira da. *Terceiro setor*. São Paulo: Malheiros, 2003.

desenvolvido minha tese de doutorado anos antes, apoiado, justamente, nos trabalhos precursores de Salinas e Rocha, a responsabilidade e a realização acadêmica de poder agora desfrutar de um debate sobre a novel lei, propiciado justamente pela pesquisa de Natália de Aquino Cesário – e, ainda, ladeado por colegas que tanto haviam me inspirado. Era um grande dia. E foi, certamente, para a candidata, que defendeu seu trabalho e obteve a unânime aprovação da banca.

Trabalho que já se construiu sobre terreno mais sólido – a existência de um marco legal a disciplinar as tais parcerias. Com seus defeitos e acidentes, é o terreno que nossa democracia produziu, mais de 25 anos após o marco constitucional de 1988. Um novo capítulo sobre as parcerias do Estado com o Terceiro Setor se inaugurou com a Lei nº 13.019/2014. Novas pesquisas, diálogos, avaliações e debates agora se fazem necessários, considerando este dado elementar, da existência de um diploma legal que se pretendeu sistematizante e abrangente.

Agora revisitado e atualizado o trabalho outrora defendido na FDUSP, transformado em livro, o que podemos aprender com ele? São tantos os aprendizados possíveis, mas vou direto à questão que o anima, que é algo semelhante à pergunta lançada antes; a autora nos relata pretender, afinal, verificar *se a lei tornou mais eficiente a realização de parcerias do Estado com o Terceiro Setor*. E aqui não se trata, quer me parecer, de uma análise centrada na efetividade demonstrada pelo novo diploma desde a sua edição – até porque seria cedo para isso, como a própria autora termina por reconhecer –, mas de uma análise sobre o próprio potencial da nova lei de entregar a eficiência prometida, considerado o modo pelo qual nela foi estruturado o novo regime jurídico das parcerias. É do potencial para ser eficiente, para promover eficiência, que se trata.

Dividido em três capítulos, o trabalho se inicia com uma abordagem do Terceiro Setor e o tratamento jurídico de suas parcerias com o Estado. Culmina, neste passo primeiro, por advogar a necessidade de formalização dessas parcerias. Uma formalização comprometida com resultados a serem alcançados pelas entidades sociais, almejados tanto pela sociedade como pelo Estado. Comprometida, assim, com o princípio da eficiência administrativa. E anota que, se antes tais instrumentos eram basicamente os contratos administrativos, os convênios, os contratos de repasse, os termos de parceria e os contratos de gestão, doravante, sob a Lei nº 13.019/2014 e alterações sobrevindas em 2015, novos surgiram – o termo de colaboração, o termo de fomento e o acordo de cooperação. Estes são os instrumentos de eficiência ofertados pela nova lei.

O segundo capítulo é dedicado a uma aproximação a esses instrumentos, com o olhar da autora voltado para tudo o que lhes diga respeito na Lei nº 13.019/2014, mas sem ainda um esforço de sistematização maior. Nele, por exemplo, ela atenta ao contexto de produção da nova lei e à sua decisiva etapa formativa: a de concepção das propostas que culminariam no novo diploma, a partir de grupo de trabalho interministerial formado por representantes do governo e da sociedade civil. O que lhe permite fazer a percuciente crítica do que chamou de caráter "elitizador" da formação da nova legislação, por ausência de representação de pequenas organizações da sociedade civil naqueles debates.

O terceiro capítulo aprofunda pontos que a autora reputa definidores de um regime jurídico das parcerias sob o novo diploma legal, não se furtando a apontar os aspectos em relação aos quais manifesta dúvidas ou enxerga deficiências jurídicas.

Ao final, em um balanço a um só tempo equilibrado e provocante, a autora critica a "superlegalização" de assuntos promovida pela lei, que incrementa complexidades e dificulta a celebração de parcerias, principalmente em Municípios pequenos sem tanto acesso a programas de capacitação e com organizações da sociedade civil também pequenas, pouco representadas nos debates que conduziram ao novo diploma. Celebra a uniformização de tratamento jurídico do assunto em normas legais nacionais, mas, de alguma forma, as considera insuficientes para suprir as demandas e expectativas que se nutria para uma nova lei. Fato que avalia corroborado pela ainda baixa expressão percentual dos instrumentos firmados sob a nova lei, considerados todos os disponíveis na legislação brasileira.

Está aí uma perspectiva a ser considerada sobre a questão fulcral, lançada de início, acerca da capacidade de o novo diploma promover, ou não, a eficiência nas relações de parceria entre o Estado e as organizações da sociedade civil.

Repleto de informações e permeado por ponderações analíticas, inclusive críticas, o presente livro é um contributo à contínua reflexão, tão necessária, sobre o fortalecimento e a simplificação das relações entre Estado e Terceiro Setor no Brasil. Um contributo à democracia brasileira. Que seja bem-vindo e desfrutado por todos aqueles que se interessem por este fascinante campo, a entremear juridicamente democracia, Estado e sociedade civil organizada.

Rodrigo Pagani de Souza
Professor da Faculdade de Direito da USP, pela qual é Doutor e Mestre em Direito. Master of Law pela Yale Law School (EUA). Advogado e consultor jurídico em São Paulo.

INTRODUÇÃO

O regime jurídico das parcerias do Estado com as Organizações da Sociedade Civil é o objeto central da presente obra. Dessa forma, pretende-se abordar os contornos jurídicos relacionados às parcerias previstas na Lei nº 13.019/2014 e analisar suas especificidades. A obra é derivada de pesquisa desenvolvida ao longo de três anos no Departamento de Direito do Estado da Universidade de São Paulo e resultou em uma dissertação aprovada por unanimidade pela banca examinadora. Traz uma abordagem diferenciada e inovadora com relação ao regime jurídico dos instrumentos de pactuação de parcerias do Estado com as Organizações da Sociedade Civil, trazendo uma análise técnica acerca dos institutos do Terceiro Setor e sua relação com o Poder Público.

A escolha do tema justifica-se diante da contemporaneidade da Lei nº 13.019/2014 (que apenas entrou integralmente em vigor em janeiro de 2017), pela importância financeira, econômica, social e acadêmica do tema e pela influência dos instrumentos de formalização das parcerias no Direito Administrativo atual.

Constata-se a falta de discussões doutrinárias sobre os três instrumentos previstos na Lei nº 13.019/2014 – quais sejam, o termo de colaboração, o termo de fomento e o acordo de cooperação – concomitante à falta de utilização e compreensão adequada dos instrumentos pelos entes federados.

O estudo do tema é importante para que, de maneira geral, crie-se um substrato doutrinário para que o Direito brasileiro, de maneira gradual, possa entender, utilizar e reconhecer as parcerias com as Organizações da Sociedade Civil.

Assim, o regime jurídico dos novos instrumentos previstos na Lei nº 13.019/2014 e como ele é estruturado é o questionamento central da presente obra, passando por outros aspectos sobre o contexto do surgimento das parcerias do Estado com o Terceiro Setor no Direito brasileiro, as alterações da Lei nº 13.019/2014 proporcionadas pela Lei nº 13.204/2015 e a verificação se a lei tornou mais eficiente a realização de parcerias do Estado com o Terceiro Setor.

Para que a obra transcorresse de modo satisfatório, foram empregados alguns métodos para a sua realização. O método dialético foi utilizado com base na análise e discussão das posições doutrinárias antagônicas acerca dos assuntos principais da obra, mais especificamente as posições doutrinárias a respeito dos instrumentos jurídicos que são suscitados pela Lei nº 13.019/2014. Foi também utilizado o método dedutivo, a partir da análise dos princípios e regras que tratam do Terceiro Setor e sua correlação com a finalidade de execução de serviços de interesse público, e o método indutivo, com o levantamento das principais posições existentes e dados brasileiros acerca do tema, com a finalidade de estabelecer o desenvolvimento e o entendimento na atualidade e seu respectivo alcance. Por fim, apenas utilizado para o entendimento do surgimento do Terceiro Setor e sua utilização no Direito brasileiro, o método histórico foi verificado na reconstrução histórica dos aspectos econômicos, políticos e sociais que influenciaram a legislação e a doutrina no tocante às parcerias entre a Administração Pública e entidades do Terceiro Setor.

O procedimento para identificar a questão central do trabalho é a análise do regime jurídico contratual do termo de colaboração, do termo de fomento e do acordo de cooperação previstos na Lei nº 13.019/2014. Para tanto, são analisados os instrumentos, mecanismos, pontos principais, embates jurídicos e problemas que ensejaram a criação desses instrumentos.

Ademais, são analisadas as técnicas atuais de estudo de regime jurídico contratual para os contratos entre a Administração Pública e entidades de direito privado sem fins lucrativos, para que se possa fazer uma análise comparativa e lógica do estudo dos instrumentos de formalização de parcerias do Estado com o Terceiro Setor a partir de Lei nº 13.019/2014 e o regime contratual dos novos instrumentos.

O trabalho possui três capítulos essenciais, quais sejam: o Terceiro Setor e o tratamento jurídico de suas parcerias com o Estado; análise da Lei de Parcerias das Organizações da Sociedade Civil com o Estado (Lei nº 13.019/2014); e o regime jurídico das parcerias do Estado com as Organizações da Sociedade Civil.

No primeiro capítulo são desenvolvidos os conceitos jurídicos basilares. Assim, uma análise profunda sobre o Terceiro Setor é necessária para a adequada compreensão de suas parcerias com o Estado e a necessidade de os instrumentos de formalização dessas parcerias, além da verificação do que seria o vínculo de fomento e de colaboração. Outrossim, é importante trazer o estudo da atividade administrativa de fomento, pois, tal como ensina Sílvio Luís Ferreira da Rocha (2006, p. 21), *"os entes que integram o Terceiro Setor buscam, também, receber do Estado os recursos à realização de tais finalidades, mediante, (...), a ação administrativa de fomento"*.

No segundo capítulo são abordados os assuntos principais da Lei nº 13.019/2014. Para tanto, são debatidos os principais pontos de discussão, problemas e vantagens da nova lei. Assim, são analisadas as regras e procedimentos do regime jurídico das parcerias celebradas entre a Administração Pública Federal e as Organizações da Sociedade Civil.

Por fim, no terceiro e mais importante capítulo, é desenvolvido e estruturado o regime jurídico contratual dos novos instrumentos de formalização das parcerias do Estado com o Terceiro Setor. Assim, inserindo esses novos instrumentos no fenômeno da contratualização das parcerias, são detectados pontos em destaque que devem ser abordados, tais como: conceito, formalização, execução, prerrogativas da Administração Pública, resilição unilateral, prestação de contas, aplicação de sanções, responsabilidade, extinção do contrato, entre outros assuntos importantes para o tema que está sendo tratado.

Destarte, a obra foi pautada nos seguintes objetivos específicos: examinar o regime jurídico contratual dos novos instrumentos de formalização das parcerias do Estado com o Terceiro Setor; realizar um estudo crítico e profundo, utilizando-se de doutrinas jurídicas específicas, a respeito dos pontos centrais da obra; analisar as atuais técnicas de fomento utilizadas nas parcerias da Administração Pública com o setor privado; estudar e diferenciar o termo de colaboração, o termo de fomento e o acordo de cooperação de outros instrumentos utilizados em parcerias; possibilitar um avanço no substrato doutrinário a ser desenvolvido sobre os instrumentos de pactuação instituídos pela Lei nº 13.019, tendo em vista que não há quase nada escrito sobre o assunto devido a sua entrada em vigor recentemente; examinar as discussões e o contexto político e social que ensejaram a criação da Lei nº 13.019/2014.

Quanto às fontes legislativas, priorizou-se a legislação que trata do tema central, tal como a lei basilar sobre os contratos no âmbito da Administração Pública (Lei nº 8.666/1993), e a legislação que trata de instrumentos utilizados pelo Estado para a formalização de parcerias com o Terceiro Setor (Lei nº 9.637/1998 – Lei das Organizações Sociais; Lei nº 9.790/1999 – Lei das Organizações da Sociedade Civil de Interesse Público; Lei nº 91/1935 – Lei para Concessão de Título de Utilidade Pública Federal, que foi revogada pela Lei nº 13.2014/2015; Lei nº 12.101/2009 – lei que institui o procedimento para a certificação das entidades beneficentes de assistência social, entre outros diplomas legais importantes), tendo como enfoque a Lei nº 13.019/2014 e a análise do termo de colaboração, do termo de fomento e do acordo de cooperação.

Dessa forma, a presente obra analisa as doutrinas e teorias mais importantes sobre o Terceiro Setor e a atividade administrativa de fomento (análise teórica). Depois, analisa a Lei nº 13.019/2014 para apontar as inovações e problemas relacionados à nova legislação e, por fim, explicar o novo regime jurídico das parcerias do Estado com as Organizações da Sociedade Civil, a fim de propor análises, críticas e recomendações, verificando os avanços e insuficiências trazidos pelo regime jurídico dessas parcerias.

CAPÍTULO 1

O TERCEIRO SETOR
E O TRATAMENTO JURÍDICO
DE SUAS PARCERIAS COM O ESTADO

A breve análise da evolução e histórico do Estado Moderno é importante para que seja estudado o surgimento das parcerias entre a Administração Pública e entidades do Terceiro Setor. Sendo assim, diversos conceitos devem ser analisados, como Terceiro Setor, princípio da subsidiariedade, Reforma do Aparelho do Estado, parcerias, entre outros, que serão estudados para a melhor compreensão das parcerias e de seus mecanismos de contratação denominados termo de colaboração, termo de fomento e acordo de cooperação.

A intenção não é rotular ou fazer uma linha do tempo perfeita para os acontecimentos, mas pontuar resumidamente os fatos históricos importantes que foram fundamentais para a estruturação do Terceiro Setor para depois trazer uma abordagem acerca da nova legislação brasileira sobre o assunto.

Resumidamente, o Estado Moderno tem sua primeira fase caracterizada com o Estado de Polícia, que adotou a monarquia absolutista como forma de governo. Com a injustiça trazida por esse modelo, surge o Estado de Direito, introduzindo-se o Estado Liberal. No século XIX começaram as reações pela burguesia contra o Estado Liberal, devido ao descontentamento no âmbito econômico e social. Após a Segunda Guerra Mundial surge o Estado Social e, dessa forma, atribui-se ao Estado o dever de intervir na ordem econômica e social para ajudar os menos favorecidos e assegurar os direitos sociais.

Como relata Maria Sylvia Zanella Di Pietro, no Estado Social, a preocupação maior desloca-se da liberdade para a igualdade (2011, p. 9). Diogo de Figueiredo Moreira Neto (2001, p. 104 e 105) trazia essa ideia com a passagem de um Estado monoclasse para um Estado puriclasse, no qual a sociedade se articulou em defesa de seus múltiplos interesses, trazendo uma multiplicação de entidades dotadas de Poder Público. No Brasil, a atividade interventiva pode ser visualizada pelos vários planos econômicos elaborados pelos Presidentes da República a partir de 1986.

Apesar das vantagens do Estado Social, surgiram algumas consequências negativas da sua instauração, pois se verificou um crescimento exacerbado do Estado, que atuava em diversos setores da sociedade e, como alude Di Pietro (2011, p. 11), a atuação estatal no âmbito do Estado Social poderia colocar em risco a própria liberdade individual, afetar o princípio da separação dos Poderes e conduzir à ineficiência na prestação de serviços.

Com a visualização das consequências negativas do Estado Social houve uma movimentação que clamava pela transformação no papel do Estado, acrescentando-se a ideia de Estado Democrático, sem deixar de ser um Estado de Direito, protetor das liberdades individuais, e sem deixar de ser um Estado Social, protetor do bem comum, como traz muito bem Di Pietro (2011, p. 14 e 15), que comenta que a noção de Estado Democrático de Direito compreende dois aspectos: o da participação do cidadão (Estado Democrático) e o da justiça material (Estado de Direito).

Diante dessa reformulação, o Estado passa a ser Regulador e, como relata Tourinho (2010, p. 323), possibilita a prestação dos serviços públicos pela iniciativa privada. Neste contexto, o Estado tem atividades exclusivas, como tributar, fiscalizar, regulamentar e fomentar (seria o Primeiro Setor). As atividades econômicas passam à iniciativa privada (seria o Segundo Setor) e os serviços públicos de natureza econômica podem ser repassados aos particulares por diversos instrumentos, como os contratos de concessão de serviço público. Os serviços não exclusivos do Estado são transferidos ao denominado Terceiro Setor, que assume atribuições sociais e educativas.

Após o breve histórico considerado, deve-se acrescentar a ideia de Estado Subsidiário. Com a globalização e a Reforma do Estado cresce a noção do princípio da subsidiariedade, que é definido por Dinorá Grotti (2006, p. 438 e ss.) como uma relação em que o Estado deve abster-se de desempenhar atividades que o particular tem condições de exercer por sua própria iniciativa e com seus próprios recursos, ao mesmo tempo em que o Estado tem o dever de fomentar, coordenar e fiscalizar a iniciativa privada, possibilitando aos particulares o sucesso na condução de seus empreendimentos.

Para Sílvio Luís Ferreira da Rocha (2006, p. 16-21), o princípio da subsidiariedade pressupõe algo de novo entre a intervenção total do Estado e a supressão da autonomia privada e o liberalismo clássico e sua política de intervenção mínima do Estado. Seu conteúdo fundamental reside no fato de que o Estado ou qualquer entidade superior só deve intervir caso a entidade inferior não possa cumprir com os seus deveres, ou seja, não consiga prestar os serviços públicos que são de sua competência ou aplica-os de forma incorreta.

Dentro do Direito público esse princípio serve para fundamentar uma nova concepção de Estado na qual o papel do Poder Público deve ser delimitado com o fim de se resguardar a liberdade, a autonomia e a dignidade. Com a aplicação desse princípio o grupo social e o indivíduo voltam a ter superioridade, pois matérias de interesse geral, que poderão ser praticadas pela própria entidade civil, lhes são devolvidas.

Como consequência disso, a sociedade se eleva a primeiro plano na estrutura organizacional do Estado e a instância privada fica a serviço do interesse geral, a partir da ideia de solidariedade, que tem como base, principalmente, a maior eficiência da ação social sobre a ação estatal junto a grupos menores. A atividade fomento é a que sofre a maior influência do princípio da subsidiariedade, pois se constitui em um dos instrumentos desse princípio, haja vista que o fomento ao Terceiro Setor é que muitas vezes possibilita a sua atuação nas atividades de interesse público.

Mesmo sendo a concepção do princípio da subsidiariedade bem anterior à do Estado Democrático de Direito, esse princípio assume especial importância após o surgimento desse Estado, pois atua como limite à intervenção do Poder Público com os particulares e apresenta diversas tendências trazidas por Di Pietro (2011, p. 17 e ss.) e também esboçadas por Dinorá Grotti (2006, p. 438 e ss.), citadas em suas generalidades a seguir.

A primeira tendência, comentada em seus primórdios por Moreira Neto (2001, p. 105 e ss.), é a ideia de diminuir o tamanho do Estado pelo instrumento da privatização, tendência exemplificada no Direito brasileiro com a criação do Programa Nacional de Desestatização, em 1990. Em segundo lugar, o emergir da sociedade pluralista, que faz multiplicar os interesses a serem protegidos, não se falando em apenas um interesse público de titularidade do Estado, mas de vários interesses públicos que representam vários setores da sociedade. Por fim, outras tendências se referem ao crescimento das técnicas de fomento e ao aumento de instrumentos de parceria do setor público com o privado.

A Constituição Federal de 1988 traz dispositivos que exemplificam a ideia de parceria com o setor privado. O artigo 204 aponta como diretriz para as ações governamentais na área de assistência social a "descentralização político-administrativa". Ao falar em descentralização, como bem expõe Di Pietro (2011, p. 25), a CF/1988 determina que a coordenação e as normas gerais cabem à esfera federal, enquanto a coordenação e execução dos respectivos programas cabem às esferas estadual e municipal, bem como a entidades beneficentes e de assistência social.

No que se refere ao ensino também se observa a presença de ideias de colaboração entre setor público e privado, de fomento e de livre-iniciativa, como dispõem os artigos 205 e 206 da CF/1988. A ideia de fomento se faz presente também em termos de cultura (artigo 215 da CF/1988), desporto (artigo 217 da CF/1988) e de ciência e tecnologia (artigo 218 da CF/1988). No artigo 216 expressamente verifica-se a noção de colaboração entre o público e o privado para proteção do patrimônio cultural.

A partir da década de 80, a Administração Pública brasileira vive um momento de reforma, acompanhado pelo movimento da globalização. Nesse momento, são defrontadas duas realidades em todo o país, conforme aponta Di Pietro (2011, p. 28), que são: 1) A situação de crise, que possibilita a constatação de que a Constituição Federal atribui competências ao Poder Público que ele não tem capacidade de exercer de modo eficiente. A crise financeira aponta falta de verbas em diversas atividades essenciais, como saúde, educação, transporte, etc.; e 2) A busca por institutos novos que permitam ao Estado cumprir a contento a prestação dos serviços que lhe são atribuídos.

Como consequência da crise e da busca por novos institutos, surge o fenômeno da privatização – considerado em seu sentido amplo –, que possibilita a quebra de monopólios, as delegações de serviços públicos aos particulares e as parcerias com entidades do Terceiro Setor.

Segundo Maria Tereza Fonseca Dias (2008, p. 98), Terceiro Setor é um termo que passou a ser utilizado pelos juristas brasileiros após o Plano Diretor da Reforma do Aparelho do Estado. O recente interesse pelo Terceiro Setor pode ser considerado decorrente das políticas de Reforma do Aparelho do Estado nas últimas décadas do século XX. Como relata Gustavo Justino de Oliveira (2007, p. 17), pode-se afirmar que nesse período foi incentivada a corresponsabilidade das entidades privadas, sem fins lucrativos, para a prática de atividades socialmente relevantes.

No Plano Diretor da Reforma do Aparelho do Estado,[1] os objetivos da reforma ficaram expressos, pois determinam que a "reforma do aparelho do Estado tem um escopo mais restrito: está orientada para tornar a administração pública mais eficiente e mais voltada para a cidadania".[2] No que se refere à Administração Pública, o intento é transformar a Administração Pública burocrática,[3] rígida e ineficiente, em uma Administração Pública gerencial,[4] flexível e eficiente, voltada para o atendimento do cidadão e concretização do princípio constitucional da eficiência. Grande parte desses objetivos (não em sua totalidade) vem sendo concretizada por meio de emendas à Constituição Federal (por exemplo, a EC nº 19/1998) ou por normas infraconstitucionais (*e.g.*, a Lei nº 9.790/1999).

Para Rodrigo Pagani de Souza (2009, p. 9), o Terceiro Setor costuma ser identificado como "o conjunto de pessoas jurídicas de direito privado, não estatais, sem fins lucrativos e voltadas à persecução de finalidades de interesse público".

Tourinho define Terceiro Setor como (2010, p. 321) "entidades não estatais sem fins lucrativos, que desenvolvem atividades de interesse público". Outra definição é a trazida por Zen (2008, p. 76), que descreve o Terceiro Setor da seguinte maneira: "entidades privadas, sem fins

---

[1] Disponível em: http://www.bresserpereira.org.br/Documents/MARE/PlanoDiretor/plano diretor.pdf. Acesso em: 18 fev. 2021.

[2] *Idem*, p. 12.

[3] *Idem*, p. 15: Administração Pública Burocrática – Surge na segunda metade do século XIX, na época do Estado liberal, como forma de combater a corrupção e o nepotismo patrimonialista. Constituem princípios orientadores do seu desenvolvimento a profissionalização, a ideia de carreira, a hierarquia funcional, a impessoalidade, o formalismo, em síntese, o poder racional-legal. Os controles administrativos visando evitar a corrupção e o nepotismo são sempre *a priori*. Parte-se de uma desconfiança prévia nos administradores públicos e nos cidadãos que a eles dirigem demandas. Por isso são sempre necessários controles rígidos dos processos, como por exemplo na admissão de pessoal, nas compras e no atendimento a demandas.

[4] *Idem*, p. 15 e ss.: Administração Pública Gerencial – Emerge na segunda metade do século XX como resposta, de um lado, à expansão das funções econômicas e sociais do Estado e, de outro, ao desenvolvimento tecnológico e à globalização da economia mundial, uma vez que ambos deixaram à mostra os problemas associados à adoção do modelo anterior. A eficiência da administração pública – a necessidade de reduzir custos e aumentar a qualidade dos serviços, tendo o cidadão como beneficiário – torna-se então essencial. A reforma do aparelho do Estado passa a ser orientada predominantemente pelos valores da eficiência e qualidade na prestação de serviços públicos e pelo desenvolvimento de uma cultura gerencial nas organizações.

lucrativos, que realizam atividades complementares às atividades públicas, visando a satisfação do bem comum".

Para Oliveira (2007, p. 16) o Terceiro Setor pode ser concebido como:

> (...) o conjunto de atividades voluntárias, desenvolvidas por organizações privadas não governamentais e sem ânimo de lucro (associações ou fundações), realizadas em prol da sociedade, independentemente dos demais setores (Estado e mercado), embora com eles possa firmar parcerias e deles possa receber investimentos (públicos e privados).

No anteprojeto de organização da Administração Pública Federal[5] as entidades do Terceiro Setor foram tratadas como entidades de colaboração, sujeitas ao regime jurídico de direito privado, parcialmente derrogado por normas de direito público.[6]

Tourinho (2010, p. 321) separa os setores, de forma resumida, da seguinte forma: "O Estado seria o Primeiro Setor, a iniciativa privada, voltada à exploração de atividade econômica, o Segundo Setor e o Terceiro Setor seria composto por organizações privadas que se comprometem à realização de interesses coletivos".

A Lei nº 13.019/2014, que foi alterada em diversos aspectos pela Lei nº 13.204/2015, trazendo uma definição de organização da sociedade civil em seu artigo 2º, inciso I, qual seja:

> a) entidade privada sem fins lucrativos que não distribua entre os seus sócios ou associados, conselheiros, diretores, empregados, doadores ou terceiros eventuais resultados, sobras, excedentes operacionais, brutos ou líquidos, dividendos, isenções de qualquer natureza, participações ou parcelas do seu patrimônio, auferidos mediante o exercício de suas atividades, e que os aplique integralmente na consecução do respectivo objeto social, de forma imediata ou por meio da constituição de fundo patrimonial ou fundo de reserva;
>
> b) as sociedades cooperativas previstas na Lei nº 9.867, de 10 de novembro de 1999; as integradas por pessoas em situação de risco ou vulnerabilidade pessoal ou social; as alcançadas por programas e ações de combate à pobreza e de geração de trabalho e renda; as voltadas para

---

[5] ANTEPROJETO DE LEI ORGÂNICA DA ADMINISTRAÇÃO PÚBLICA FEDERAL E ENTES DE COLABORAÇÃO. Comissão de Juristas constituída pela Portaria nº 426, de 6 de dezembro de 2007, do Ministério do Planejamento, Orçamento e Gestão. 2009.

[6] *Idem*, p. 26: "Sob o título de entidade de colaboração foram abrangidas todas as pessoas jurídicas não estatais, sem fins lucrativos, constituídas pela iniciativa privada, para o desempenho de atividades de relevância pública, tal como definidas no anteprojeto".

CAPÍTULO 1
O TERCEIRO SETOR E O TRATAMENTO JURÍDICO DE SUAS PARCERIAS COM O ESTADO | 37

fomento, educação e capacitação de trabalhadores rurais ou capacitação de agentes de assistência técnica e extensão rural; e as capacitadas para execução de atividades ou de projetos de interesse público e de cunho social.

c) as organizações religiosas que se dediquem a atividades ou a projetos de interesse público e de cunho social distintas das destinadas a fins exclusivamente religiosos.

É possível notar que as organizações do Terceiro Setor devem transparecer o valor da solidariedade, que poderia ser traduzido como realizar o bem ao próximo, de uma forma altruísta. O princípio da solidariedade está estampado no artigo 3º, I, da Constituição Federal, como um dos objetivos da República Federativa do Brasil.

Até então, não havia algum diploma normativo que definia o conceito jurídico para Terceiro Setor e a expressão não está em nenhum dispositivo da Constituição Federal de 1988. Apesar disso, a Carta Magna faz algumas menções à colaboração que deve existir entre o Estado e as organizações da sociedade civil em diversas áreas, como educação, saúde, assistência social, entre outras.[7] Ademais, muitos incisos do artigo 5º da CF[8] trazem a noção da existência e funcionamento do Terceiro Setor e do incentivo das parcerias do Estado com o Terceiro Setor.

As entidades do Terceiro Setor podem ser: associações sem fins econômicos e fundações de direito privado (reguladas pelo Código Civil) que exercem atividades de interesse público. Apesar das pessoas jurídicas atuantes neste setor serem identificadas como ONG (organização não governamental), OSCIP (organização da sociedade civil de

---

[7] Por exemplo, na área da saúde, o artigo 199, §1º da CF: Art. 199. A assistência à saúde é livre à iniciativa privada. §1º As instituições privadas poderão participar de forma complementar do sistema único de saúde, segundo diretrizes deste, mediante contrato de direito público ou convênio, tendo preferência as entidades filantrópicas e as sem fins lucrativos.

[8] Art. 5º: XVII – é plena a liberdade de associação para fins lícitos, vedada a de caráter paramilitar (associações sem fins econômicos em torno de um objetivo comum)
XVIII – a criação de associações e, na forma da lei, a de cooperativas independem de autorização, sendo vedada a interferência estatal em seu funcionamento (a criação de associações independe de autorização, sendo vedada a interferência estatal no funcionamento dessas atividades. Há uma liberdade de funcionamento).
XIX – as associações só poderão ser compulsoriamente suspensas ou dissolvidas através de decisão judicial motivada.
XX – ninguém poderá ser compelido a associar-se ou a permanecer associado;
XXI – as entidades associativas, quando expressamente autorizadas, têm legitimidade para representar seus filiados judicial ou extrajudicialmente;

interesse público), OS (organização social), instituto, instituição, entre outras classificações, elas são juridicamente constituídas sob a forma de associação ou de fundação.

No final do século XX surgiu o termo "parceria" e, como relata Dinorá Grotti (2006, p. 440), serve a diversos objetivos e formaliza-se por diferentes instrumentos jurídicos, como, por exemplo: 1) pela delegação da execução de serviço público; 2) pelo fomento à iniciativa privada de interesse público, efetivando-se por meio de convênio, contrato de gestão ou termo de parceria; 3) pela desburocratização e pela instauração da chamada "Administração Pública Gerencial", por meio dos contratos de gestão ou pela cooperação do particular na execução de atividades exclusivas da Administração; e 4) pelo instrumento da terceirização.

Com a EC nº 19/1998 foi inserido o princípio da eficiência no artigo 37 da Constituição Federal. Para que o Estado alcance eficiência nas suas ações, é preciso que utilize os instrumentos necessários para alcançar melhores resultados. A Administração Pública deve otimizar os recursos públicos (financeiros, gestão de pessoal, bens públicos...), devido ao princípio da eficiência, e as parcerias do Estado com o Terceiro Setor possibilitam essa otimização. Assim, muitas vezes, o Estado não atua de forma direta nas atividades de interesse público que precisa realizar e recorre ao Terceiro Setor. Essa colaboração tem o nome de parceria.

A parceria é um instrumento voltado para a realização de programas e projetos que tenham um interesse público (visado tanto pela Administração Pública como pelas organizações da sociedade civil) e que acabam sendo realizados por meio de uma colaboração mais estreita entre Estado e entidades do Terceiro Setor. Essa relação colaborativa deve ser formalizada através de um instrumento jurídico que contenha as obrigações, deveres, responsabilidades, resultados que devem ser atingidos, tanto pelo parceiro público quanto pelo privado.

A própria CF estimula a parceria entre Estado e Organizações da Sociedade Civil, por exemplo, na área da saúde (art. 199, §1º – preferência às entidades sem fins lucrativos), cultura, meio ambiente, ciência e tecnologia, assistência social, etc.

1.1 O Terceiro Setor: importância e deficiências na atualidade

A legislação sobre parcerias com o Terceiro Setor no Direito brasileiro é muito recente, mas o Terceiro Setor não é recente. Apesar de não ter essa denominação, pode ser encontrado nas Santas Casas de Misericórdia, logo após o descobrimento do Brasil, em prol dos desvalidos. O Terceiro Setor tem, portanto, uma origem altruísta, solidária e desinteressada.

Com a criação do Estado brasileiro, acabam surgindo outros tipos de relação do Estado com o Terceiro Setor. Sobretudo após a redemocratização em 1988, a sociedade civil passou a ser mais atuante, buscando cooperação e integração. A sociedade civil mobiliza-se e organiza-se, criando entidades que vão gerar benefícios para a própria sociedade.

A base constitucional do Terceiro Setor é encontrada ao longo do texto da Carta Magna, não de forma expressa, mas fazendo referência a sua concepção. São verificados principalmente nos incisos do artigo 5º da CF, que tratam dos direitos e garantias fundamentais, tais como:

> Inciso XVII – liberdade de associação para fins lícitos (associações sem fins econômicos em torno de um objetivo comum) – sentido positivo (para se associar) e sentido negativos (para sair da associação).
>
> Inciso XVIII – a criação de associações independe de autorização, sendo vedada a interferência estatal no funcionamento dessas atividades. – liberdade de funcionamento.
>
> Inciso XIX – as associações só poderão ser compulsoriamente suspensas ou dissolvidas através de decisão judicial motivada (transitada em julgado).
>
> Inciso XXI – as entidades associativas tem legitimidade para representar os seus associados judicial e extrajudicialmente, quando autorizadas.

Resumidamente, para facilitar a compreensão do leitor, existem três setores. O Primeiro Setor é o setor estatal, a quem cabe realizar atividades de interesse público, assumidas pelo Estado, que vão gerar benefícios à coletividade. Por exemplo, serviços públicos, poder de polícia (condiciona algumas atividades dos particulares em benefício da coletividade). São atividades desenvolvidas pelo Estado pelo Regime de Direito Público. O Segundo Setor é o setor representado pelo mercado, que é integrado por empresas, que têm como finalidade o lucro, exercendo atividades econômicas sob o Regime de Direito

Privado. Já o Terceiro Setor é representado por organizações privadas sem fins lucrativos.

As entidades do Terceiro Setor podem ser associações sem fins econômicos ou fundações de direito privado (ambas reguladas pelo Código Civil). Cabe notar, as entidades religiosas (art. 44, IV, CC) também podem ser enquadradas como Organizações da Sociedade Civil, tal como foi inserida pela Lei nº 13.204/2015, na Lei nº 13.019/2014 e, portanto, inseridas no Terceiro Setor.

Dentre as associações, integram o Terceiro Setor aquelas que perseguem o bem comum, que têm, portanto, atuação na esfera social, pública. As fundações, por expressa determinação legal (CC, art. 62, parágrafo 1º), perseguem o bem comum na medida em que a finalidade delas poderá ser, após a modificação e inclusão no rol de atividades pela Lei nº 13.131/2015: I – assistência social; II – cultura, defesa e conservação do patrimônio histórico e artístico; III – educação; IV – saúde; V – segurança alimentar e nutricional; VI – defesa, preservação e conservação do meio ambiente e promoção do desenvolvimento sustentável; VII – pesquisa científica, desenvolvimento de tecnologias alternativas, modernização de sistemas de gestão, produção e divulgação de informações e conhecimentos técnicos e científicos; VIII – promoção da ética, da cidadania, da democracia e dos direitos humanos; e IX – atividades religiosas.

É importante destacar que, apesar de as pessoas jurídicas atuantes neste setor serem identificadas como ONG (organização não governamental), instituição ou institutos, ou terem qualificação de OSCIP (Organização da Sociedade Civil de Interesse Público), OS (Organização Social) ou CEBAS (Certificação de Entidades Beneficentes de Assistência Social), as entidades, via de regra, são juridicamente constituídas sob a forma de associação ou de fundação.

ONG é uma tradução de *Non-Governmental Organizations* (NGO), expressão muito difundida no Brasil e utilizada, de uma forma geral, para identificar tanto associações como fundações sem fins lucrativos. Instituto, instituição, por sua vez, é parte integrante do nome de associação ou fundação. Em geral é utilizado para identificar entidades dedicadas ao ensino e à pesquisa.

As designações OSCIP e OS são qualificações que as associações e fundações podem receber, uma vez preenchidos os requisitos legais, assim como ocorre com as titulações de Utilidade Pública Municipal (UPM), Estadual (UPE) e Federal (UPF) – que deixaram de existir – e a Certificação de Entidade Beneficente de Assistência Social (CEBAS).

A partir das titulações, as entidades poderão receber benefícios estatais que apenas são dados quando há tais qualificações. O Estado vai fomentar (incentivar, promover) atividades próprias dessas entidades através de, por exemplo, repasses públicos, cessão de bens públicos, cessão de servidores públicos durante o período das parcerias, etc.

Cabe observar que o título de utilidade pública federal foi extinto, pois a lei que o instituiu foi revogada (Lei nº 91, de 29 de agosto de 1935, foi revogada). Dessa forma, o TUP Federal não pode ser mais concedido. Além disso, uma inovação trazida pela Lei nº 13.204/2015 à Lei nº 13.019/2014 traz a seguinte disposição:

> Art. 84-B. As organizações da sociedade civil farão jus aos seguintes benefícios, independentemente de certificação: (Incluído pela Lei nº 13.204, de 2015)
>
> I – receber doações de empresas, até o limite de 2% (dois por cento) de sua receita bruta; (Incluído pela Lei nº 13.204, de 2015)
>
> II – receber bens móveis considerados irrecuperáveis, apreendidos, abandonados ou disponíveis, administrados pela Secretaria da Receita Federal do Brasil; (Incluído pela Lei nº 13.204, de 2015)
>
> III – distribuir ou prometer distribuir prêmios, mediante sorteios, vale-brindes, concursos ou operações assemelhadas, com o intuito de arrecadar recursos adicionais destinados à sua manutenção ou custeio. (Incluído pela Lei nº 13.204, de 2015)

Após a leitura do dispositivo, é possível verificar que são os mesmos benefícios conferidos às entidades de Direito privado sem fins lucrativos que detinham o título de Utilidade Pública Federal ou a qualificação de OSCIP (organização da sociedade civil de interesse público).

Dessa forma, os benefícios até então reservados às entidades com UPF ou OSCIP agora são de direito de todas as entidades sem fins lucrativos, independente destas titulações. Ademais, a Lei nº 9.249/95 foi alterada pela Lei nº 13.204/2015, prevendo a possibilidade de doações até o limite de dois por cento do lucro operacional da pessoa jurídica, antes de computada a sua dedução, para as OSCS (previsão anteriormente direcionada às entidades com TUP). Nota-se que os títulos de Utilidade Pública Estadual e os de Utilidade Pública Municipal não foram extintos automaticamente, mas deverão ser inutilizados com o tempo, pois são instituídos por lei específica dos respectivos estados e municípios, com a manutenção da prestação de contas.

No entanto, nota-se que a Lei nº 9.790/1999 (Lei das OSCIPs) continua em vigor, apesar de ter alguns dispositivos alterados pela Lei nº 13.019/2014, sendo que esta lei não é aplicável aos termos de parceria firmados com as OSCIPs. Além disso, a captação de recursos através de termo de parceria ainda é válida.

Diferentemente do Segundo Setor, que tem o foco na atividade econômica, voltada ao lucro, as entidades do Terceiro Setor não têm finalidade lucrativa. No entanto, isso não significa que elas não recebem repasses públicos, haja vista precisam de receita para realizar as suas atividades. Ocorre que, eventualmente, os valores gerados pelas atividades, venda de bens ou serviços, e as receitas auferidas em virtude dessas atividades, não podem ser repartidos entre os diretores dessas entidades, mas devem ser aplicados no objeto social da organização.

Poderão ser pagas, entre outras despesas, com recursos vinculados à parceria do Estado com a OSC:

a) remuneração da equipe encarregada da execução do plano de trabalho, inclusive de pessoal próprio da organização da sociedade civil, durante a vigência da parceria, compreendendo as despesas com pagamentos de impostos, contribuições sociais, Fundo de Garantia do Tempo de Serviço – FGTS, férias, décimo terceiro salário, salários proporcionais, verbas rescisórias e demais encargos sociais e trabalhistas;

b) diárias referentes a deslocamento, hospedagem e alimentação nos casos em que a execução do objeto da parceria assim o exija;

c) custos indiretos necessários à execução do objeto, seja qual for a proporção em relação ao valor total da parceria; e

d) aquisição de equipamentos e materiais permanentes essenciais à consecução do objeto e serviços de adequação de espaço físico, desde que necessários à instalação dos referidos equipamentos e materiais.

Tais entidades exercem atividades de interesse público e expressam o valor constitucional da solidariedade, que pode ser traduzido como realizar o bem ao próximo, de uma forma altruísta, embora hoje organizada. As atividades de interesse público são muitas vezes exercidas nas áreas da educação, saúde, assistência social, meio ambiente, etc.

Há uma proximidade entre o Primeiro e o Terceiro Setor. Quando o Estado assume para si as atividades de saúde, educação, etc., são qualificadas normalmente como serviços públicos e submetem-se ao regime de direito público, obedecendo aos princípios do artigo 37 da

Constituição Federal.[9] Muitas dessas atividades podem ser exercidas pelas entidades do Terceiro Setor, que são criadas para exercer atividades que geram benefício à coletividade. Assim, uma diferença marcante entre o Primeiro Setor e o Terceiro Setor seria o regime jurídico aplicável, pois neste é o regime jurídico de direito privado que é aplicado, por serem entidades de direito privado.

Há uma plataforma georreferenciada que apresenta dados relativos às Organizações da Sociedade Civil (OSC) no Brasil denominada Mapa das OSCs.[10] O Mapa das OSCs é organizado pelo IPEA (Instituto de Pesquisa Econômica Aplicada) e, segundo essa plataforma, há 781.921[11] Organizações da Sociedade Civil no Brasil. Observo que o Mapa das OSCs, quando consultado em 2018, apresentava um número superior de OSCs (820.186),[12] o que indica que muitas OSCs deixaram de existir nos últimos anos.

O Painel de Transferências Abertas,[13] ferramenta desenvolvida pelo Ministério do Planejamento, Desenvolvimento e Gestão, também oferece dados sobre as parcerias realizadas pela União. Segundo esta ferramenta, o valor de recursos financeiros liberados para essas parcerias chega a R$ 84,6 bilhões.

As entidades do Terceiro Setor cada vez mais realizam atividades de interesse público e muitas vezes em colaboração com o Estado. Com isso, o Estado, em parceria com o Terceiro Setor, poderá focar nas políticas públicas e diretrizes que deve realizar.

A realização das ações, a partir das parcerias, acaba sendo feita pelo Terceiro Setor. Muitas vezes o Estado não atua de forma direta nas atividades que precisa realizar e recorre ao Terceiro Setor. Os recursos oferecidos pelo Estado, sejam financeiros, gestão de pessoal, bens públicos, devem ter sua utilização otimizada e isso pode ser alcançado nas parcerias com as OSCs.

Para Silvio Luis Ferreira da Rocha (2006, p. 15-21), no Brasil, o incentivo à entidade administrativa de fomento é uma das causas

---

[9] Art. 37. A administração pública direta e indireta de qualquer dos Poderes da União, dos Estados, do Distrito Federal e dos Municípios obedecerá aos princípios de legalidade, impessoalidade, moralidade, publicidade e eficiência e, também, ao seguinte: (...).

[10] Disponível em: https://mapaosc.ipea.gov.br/. Acesso em: 20 fev. 2021.

[11] *Idem*. Acesso em: 20 fev. 2021.

[12] *Idem*. Acesso em: 20 maio 2018.

[13] Disponível em: http://www.transferenciasabertas.planejamento.gov.br/QvAJAXZfc/open doc.htm?document=painelcidadao.qvw&lang=en-US&host=QVS%40srvbsaiasprd01&an onymous=true. Acesso em: 20 fev. 2021.

para o crescimento das entidades do Terceiro Setor. Tal incentivo é decorrente da redescoberta do princípio da subsidiariedade e da ineficiência do Estado em cumprir com os serviços públicos que são da sua competência.

1.2 Breve análise da atividade administrativa de fomento no Terceiro Setor

A atividade administrativa de fomento abrange diversas atividades e não apenas o fomento ao Terceiro Setor. No presente estudo, serão abordados os aspectos gerais da atividade administrativa de fomento, relacionando-se com as questões mais importantes para o fomento ao Terceiro Setor.

O conceito de Luis Jordana de Pozas para a atividade de fomento é a "ação da Administração com a finalidade de proteger ou promover atividades, propriedades e riquezas devidas aos particulares e que satisfazem necessidades públicas que são de utilidade geral, sem usar a coação nem criar serviços públicos" (traduzido livremente de POZAS, 1949, p. 46). Segundo Pozas, para satisfazer as necessidades gerais de interesse público, são utilizados diversos meios, que podem se agrupar em quatro grupos ou modos: legislação, polícia, fomento e serviço público.

Como a atividade de fomento é o foco do trabalho, é importante distinguir fomento, polícia e serviço público e classificar e caracterizar suas principais manifestações. Assim, enquanto a polícia administrativa objetiva prevenir e reprimir, o fomento protege e promove sem usar a coação. O fomento também se diferencia do serviço público, pois, enquanto neste a Administração realiza diretamente e com seus próprios meios o fim perseguido (realização de necessidades públicas), o fomento se limita a estimular os particulares para que, por sua própria vontade, desenvolvam uma atividade determinada, cumprindo indiretamente a finalidade que a Administração persegue.

Para Pozas (1949, p. 49), a atividade de fomento tem um predomínio no Estado Liberal, não excluindo as atividades de polícia (predomínio no Antigo Regime) e de serviço público (predomínio no Estado Intervencionista).

São diversas as expressões que revestem a atividade administrativa de fomento nos diplomas legais, como promover, ajudar, auxiliar, proteger, entre outras, assim como no Direito brasileiro.

Jordana de Pozas (1949, p. 50) também desenvolve classificações para o fomento estatal. A primeira seria como atividade administrativa de fomento positivo ou negativo. No positivo há uma outorga de vantagens, bens ou outorgam prestações e no negativo há obstáculos para dificultar, por meios indiretos, atividades não desejadas pela Administração. Todos os meios de fomento de caráter positivo significam verdadeiros privilégios, pois são uma exceção vantajosa da norma geral. É através dos privilégios que se busca alcançar a justiça distributiva.

Para que se alcance a igualdade material, o legislador deve se ater às diferenças existentes nos diversos segmentos de destinatários e promover as discriminações legislativas com a finalidade de se obter igualdades reais. Nesse entender, Celso Antônio Bandeira de Mello (2000, p. 41), em seu livro *O Conteúdo Jurídico do Princípio da Igualdade*, enumera alguns requisitos importantes para que as discriminações legislativas estejam de acordo com o princípio da igualdade, quais sejam: que a discriminação não atinja de modo atual e absoluto um só indivíduo; que as pessoas ou situações desequiparadas pela lei sejam realmente distintas entre si, ou seja, o fator de desequiparação consista num traço diferencial residente nas pessoas ou situações; que exista um nexo lógico entre o fator de discrímen e a discriminação legal estabelecida em razão dele; e que, no caso concreto, tal vínculo de correlação seja pertinente em função dos interesses constitucionalmente protegidos, visando ao bem público, à luz do texto constitucional.

As leis não podem estabelecer discriminações infundadas e, para que isso não ocorra, são essenciais os estudos das condições sociais, estabelecendo, assim, um fator de discrímen adequado para o alcance da isonomia de tratamento de todos os legislados. Ainda assim, deverão ser justificadas de modo aceitável e com embasamento suficientemente crível. Por conseguinte, serão proibidas as leis que tragam especificações arbitrárias ou apresentem prejuízo ou benefício ao legislado. (BANDEIRA DE MELLO, 2000, p. 18).

Outra classificação do fomento estatal seriam os meios de fomento como honoríficos, econômicos ou jurídicos (POZAS, J., 1949, p. 53). Entre os meios de fomento honoríficos encontram-se os prêmios e recompensar que se dão como reconhecimento público de uma de um ato ou conduta exemplar. Os meios de fomento econômicos são todos aqueles que de um modo direto determinam a percepção de recursos ou a dispensa de um pagamento obrigatório, como as subvenções e as imunidades fiscais. Por fim, os meios de fomento jurídicos são aqueles que se caracterizam pela outorga de uma condição privilegiada que, de modo indireto, representa vantagens econômicas.

Outro importante jurista espanhol, Ramón Parada, define a atividade de fomento como a modalidade de "intervenção administrativa que consiste em direcionar a ação dos particulares para fins de interesse geral mediante a concessão de incentivos diversos" (traduzido livremente de PARADA, 2010, p. 381).

Interessante abordagem histórica de Ramón Parada diz respeito à utilização das técnicas de fomento no sistema ferroviário espanhol para a execução de determinadas obras no século XIX. Já naquela época se verificava que nas políticas de subvenções existia corrupção e descumprimento da livre concorrência, o que desqualificou a atividade de fomento.

No século XX, ajudas econômicas foram estendidas a todos os setores produtivos, incentivando diversas empresas. A atividade incentivadora também chegou a diversos setores econômicos e chegou à cultura e ações sociais (como ONGs, OSCIPs e OSs).

Ramón Parada relata a importância da atividade administrativa de fomento nos tempos atuais, o que resultou em um marco geral para a regulação das subvenções, a Lei Geral das Subvenções (Lei nº 38/2003). A própria Constituição espanhola traz diversos preceitos à atividade de fomento em seus artigos 43, 148 e 149.

É possível notar ao longo do trabalho de Ramón Parada uma grande influência de Jordana de Pozas, principalmente no que tange às classificações da atividade administrativa de fomento, como: honoríficas, econômicas e jurídicas. Assim, também é possível notar, nos dias de hoje, a prevalência dos incentivos econômicos em relação aos incentivos honoríficos.

O enfoque de Ramón Parada ao tratar das ajudas econômicas é nas *subvenções*, abordando seu conceito amplo e estrito, seu tratamento legal (Lei Geral das Subvenções), sua natureza jurídica (regime jurídico misto), os princípios que devem ser cumpridos (eficácia, eficiência, publicidade, transparência, concorrência, objetividade, igualdade, não discriminação, risco compartilhado e livre concorrência), a gestão indireta das subvenções (por entidades colaboradoras que podem ser pessoas de direito privado), os procedimentos de outorga (ordinário de concorrência competitiva e concessão direta), sua anulação, modificação, obrigações do beneficiário da subvenção, reembolso, controle e sanções.

Ramón Parada (2010, p. 397 e ss.) também trata da subvenção sob o prisma do Direito Comunitário Europeu, relatando as proibições e limitações garantidoras da livre concorrência no espaço comunitário. Assim, serão incompatíveis as ajudas estatais que ameacem descumprir a livre concorrência, favorecendo determinadas empresas ou produções. Nota-se que a Lei Geral de Subvenções aborda a responsabilidade financeira das Administrações Públicas no que diz respeito à gestão e controle das ajudas financeiras.

Gaspar Ariño Ortiz (1999, p. 287 e ss.) relata a noção de fomento, começando pela sua origem, que remonta à origem do próprio Estado que vela pelo bem-estar de seus administrados. Na Espanha, o fomento como título legal (como forma de atuação do Estado) aparece na transição do iluminismo para o constitucionalismo. No momento de transição para o Estado de Direito, o fomento surge como uma tarefa comum em que o Estado dirigia e regulava as melhoras sociais, e a sociedade promovia indiretamente a riqueza geral.

Porém, a origem do fomento na Espanha tem uma visão contraditória. No surgimento do Direito Administrativo moderno na Espanha a tarefa de conseguir a prosperidade foi dada ao Estado. Já a ideologia liberal confiava à sociedade essa tarefa. Essa postura contraditória fez o fomento desaparecer até o século XX, com a superação do Estado Liberal.

Para conceituar o fomento, Ortiz (1999, 292 e ss.) passa pelo conceito clássico de Jordana de Pozas, tirando dele as características básicas, quais sejam: atividade administrativa (ação da Administração a título de intervenção na econômica), com um aspecto negativo (o Estado não usa a coação, nem cria serviços públicos, não manda, nem assume diretamente a titularidade da atividade), com conteúdo positivo (o Estado favorece a atuação, ampliando a esfera de Direito do particular) e caráter teológico (busca de uma finalidade de interesse geral).

Ortiz também utiliza a clássica classificação tripartite de Jordana de Pozas, em que se separam as medidas de fomento em honoríficas, jurídicas e econômicas. Nesta última, pode-se dividir em vantagens reais ou fiscais, das quais as fiscais se subdividem em meios fiscais, creditícios ou meios econômicos em sentido estrito (como a subvenção). As transferências diretas recebem o nome de subvenção.

A Constituição espanhola refere-se à ação de fomento de perspectivas diferentes: como incentivador dos princípios orientadores da política social e econômica do Estado e a expressão fomento como título para o exercício de determinadas competências.

Portanto, o reconhecimento constitucional da ação de fomento é muito amplo e se concretiza nas medidas adotadas para a consecução dos fins que consideram de interesse geral, usando como princípios basilares: o princípio da legalidade, o princípio da igualdade, o princípio da livre concorrência – juntamente com os princípios da unidade da ordem econômica e da unidade de mercado –, o princípio da eficiência e economia do gasto público.

Gaspar Ariño Ortiz (1999, p. 300) tem como enfoque a técnica de fomento mais utilizada, qual seja, a subvenção, trazendo seu conceito e regime jurídico. As subvenções consistem na entrega gratuita de fundos públicos, procedentes dos impostos, para cobrir o custo de determinadas atividades que se consideram de interesse geral ou social. O conceito trazido pela doutrina é mais estrito do que o conceito trazido pela legislação. Há três características importantes das subvenções: atribuição a fundo perdido, ação da Administração Pública como agente ativo em favor de um particular e atribuição patrimonial afetada ao desenvolvimento de uma atividade.

Quanto ao regime jurídico das subvenções, há largo debate sobre o assunto e o autor traz apenas três considerações (1999, p. 303): trata-se de uma relação jurídico-administrativa regida pelo Direito Público, não se trata de uma doação (portanto não é regida pela liberalidade, gratuidade e voluntariedade) e a subvenção submete-se a um procedimento.

O artigo 81 da Lei Geral Orçamentária Espanhola (Lei nº 47/2003) define o regime jurídico das subvenções, podendo-se retirar algumas conclusões. As partes da relação subvencional seriam a Administração Pública (e entidades colaboradoras) e o beneficiário. Há um amplo regramento procedimental para a concessão de subvenções (artigo 108 da Lei Geral Orçamentária Espanhola), que se submete aos princípios da publicidade, concorrência e objetividade. Com a outorga da subvenção surgem direitos, obrigações e poderes (para a Administração, o poder para exigir a atividade, modificar ou revogar a subvenção e sancionar o beneficiário em caso de inadimplemento) para as partes das relações obrigacionais.

A prática da concessão das subvenções tem gerado polêmica. Entre os fatores desse debate, estão: ineficiência econômica e não submissão ao princípio da legalidade, campo de controle jurídico limitado devido à discricionariedade técnica, às fraudes e corrupções e a difícil juridificação das medidas de ajuda do Estado Social.

Para facilitar a juridificação, Ortiz (1999, p. 311 e ss.) traz algumas propostas, relatando que é necessário manter o Estado financiador, que é necessário separar a política, o regime jurídico e a aplicação. Além

CAPÍTULO 1
49

disso, Ortiz trata da necessidade de reforma constitucional, trazendo sobre a matéria de fomento um procedimento regrado, a criação de comitês técnicos independentes e a necessidade de análise econômica das técnicas de fomento.

Didier Lonotte e Raphaël Romi (2003, p. 485 e ss.) trazem aspectos importantes sobre o direito comunitário europeu a respeito da matéria do fomento estatal.[14] Com a conclusão das negociações da Rodada do Uruguai há uma reorientação dos sistemas em matéria de ajudas públicas, distinguindo-se três categorias de subvenções: as proibidas, as que podem dar origem a uma ação e as subvenções não específicas.

Os autores (2003, p. 489 e ss.) abordam diversas regulamentações do Direito Comunitário Europeu sobre a matéria de ajudas públicas. Observa-se que há um controle da atuação dos Estados-membros (com obrigação de informar a sua atividade de fomento) de forma compatível com as decisões e disposições europeias. Os autores tratam de aspectos do regramento da concessão e execução das ajudas públicas. Versam também sobre os diferentes tipos de ajudas, separando de três formas, sucessivamente: as ajudas europeias, as ajudas nacionais e as ajudas locais. Quanto às ajudas europeias é interessante destacar a importância

---

[14] Um dispositivo importante é o artigo 87 do Tratado de Maastricht (formalmente Tratado da União Europeia, TUE), que institui a União Europeia, a saber:
Artigo 87º 1. Salvo disposição em contrário do presente Tratado, são incompatíveis com o mercado comum, na medida em que afetem as trocas comerciais entre os Estados-Membros, os auxílios concedidos pelos Estados ou provenientes de recursos estatais, independentemente da forma que assumam, que falseiem ou ameacem falsear a concorrência, favorecendo certas empresas ou certas produções. C 321 E/76 PT Jornal Oficial da União Europeia 29.12.2006
2. São compatíveis com o mercado comum: a) Os auxílios de natureza social atribuídos a consumidores individuais, na condição de serem concedidos sem qualquer discriminação relacionada com a origem dos produtos; b) Os auxílios destinados a remediar os danos causados por calamidades naturais ou por outros acontecimentos extraordinários; c) Os auxílios atribuídos à economia de certas regiões da República Federal da Alemanha afetadas pela divisão da Alemanha, desde que sejam necessários para compensar as desvantagens económicas causadas por esta divisão.
3. Podem ser considerados compatíveis com o mercado comum: a) Os auxílios destinados a promover o desenvolvimento económico de regiões em que o nível de vida seja anormalmente baixo ou em que exista grave situação de subemprego; b) Os auxílios destinados a fomentar a realização de um projecto importante de interesse europeu comum, ou a sanar uma perturbação grave da economia de um Estado-Membro; c) Os auxílios destinados a facilitar o desenvolvimento de certas atividades ou regiões eco-nómicas, quando não alterem as condições das trocas comerciais de maneira que contrarie o interesse comum; d) Os auxílios destinados a promover a cultura e a conservação do património, quando não alterem as condições das trocas comerciais e da concorrência na Comunidade de maneira que contrarie o interesse comum; e) As outras categorias de auxílios determinadas por decisão do Conselho, deliberando por maioria qualificada, sob proposta da Comissão.

dos fundos estruturais, que auxiliam o desenvolvimento regional e agrícola, por exemplo.

Ricardo Riviero Ortega (2009, p. 175) traz aspectos semelhantes, inovando em alguns assuntos: o regime jurídico, as obras públicas, os gastos públicos e o planejamento econômico em matéria de fomento. Segundo o autor (2009, 176 e ss.), a técnica administrativa de fomento por excelência é a subvenção. Assim, depois da Lei Geral Orçamentária (Lei nº 47/2003), a Lei de Subvenções (Lei nº 38/2003) é o mais importante diploma jurídico que trata da questão, estabelecendo princípios gerais, concessão, reembolso e controle financeiro.

Outra problemática encontrada por Ortega refere-se à concessão de subvenções no que tange ao cumprimento do princípio da igualdade, pela existência de precedentes administrativos. Outras questões relacionadas ao regime jurídico das subvenções dizem respeito ao controle interno e externo do gasto e à compatibilidade ou não das ajudas públicas com o Direito Comunitário.

Na Espanha, assim como em diversos países, o regime das principais obras públicas tem presente um intenso intervencionismo administrativo, devido a ser considerado como ferramenta de fomento e pela sua utilização no domínio público. A participação dos particulares na construção e gestão de obras públicas se instrumentaliza pelos contratos administrativos.

Os gastos públicos têm a necessidade de regulamentação jurídica em diversos momentos, como na concessão dos contratos, no estabelecimento do sistema de outorga e no momento da execução. Uma questão recorrente encontrada sobre esse assunto são os escândalos de corrupção, que, traçando um paralelo com o sistema brasileiro, também são um problema recorrente. A regulação econômica dos gastos públicos deve se dar de maneira nacional e supranacional, e a Comunidade Europeia já tem aprovado abundante normativa em matéria de gastos públicos, dirigida a alcançar a abertura real dos mercados.

Quanto ao planejamento econômico, que é uma técnica de intervenção pública econômica, tem como objetivo impulsionar o crescimento e sair do atraso, favorecendo a industrialização e a abertura econômica. Um dos debates sobre o assunto refere-se ao caráter obrigatório ou não do planejamento.

Entre os juristas brasileiros que estudaram a atividade administrativa de fomento, Floriano de Azevedo de Marques Neto, em capítulo denominado *"Fomento"* no livro Funções Administrativas (2015), apesar de não se ater ao fomento ao Terceiro Setor, traz concepções importantes sobre esse estudo.

Na separação dos elementos do fomento, Marques Neto (2015, p. 412 e ss.) trata como elementos do fomento: 1) os setores, as atividades econômicas e os atores que podem ser objeto (destinatários) do fomento; 2) os agentes de fomento, que efetivarão, a partir do incentivo estatal, os fins públicos visados; 3) os diversos mecanismos que podem ser estruturados como instrumentos para implantação do fomento; e 4) as contrapartidas que podem ser exigidas dos agentes que recebem os benefícios e que visam assegurar o alcance dos objetivos visados pelo fomento estatal.

Com relação às contrapartidas, surgem as seguintes indagações: até que ponto a exigência de garantias de efetividade dos incentivos concedidos pode desestimular a atuação do agente fomentado; e, até que ponto tais contrapartidas são necessárias para evitar a utilização equivocada do fomento estatal?

Cabe observar que a Lei nº 13.019/2014 determinou que não será exigida contrapartida financeira como requisito para a celebração de parceria do Estado com a OSC, facultada a exigência de contrapartida em bens e serviços cuja expressão monetária será obrigatoriamente identificada no termo de colaboração ou de fomento.

Uma crítica verificada é que no capítulo de Floriano de Azevedo Marques Neto há uma predominância da análise do estudo do fomento estatal sob o ponto de vista da intervenção econômica, deixando de lado a análise das atividades direcionadas a aspectos culturais, sociais e ambientais.

Em artigo para a Revista de Direito Público da Economia, Floriano de Azevedo Marques Neto (2010, p. 6) comenta que a promoção de atividades econômicas é mais comum, mas não olvida o tratamento das outras atividades, *in verbis*:

> O fomento é mais comum na promoção de atividades econômicas, com objetivo de propiciar o desenvolvimento de um dado setor. Mas pode recair sobre atividades (econômicas ou não) buscando objetivos culturais (preservação de uma cultura ou bem cultural e difusão de uma atividade, por exemplo); sociais (promovendo atividades beneméritas), ambientais (conferindo benefícios a corporações que zelem pela saúde dos seus trabalhadores e outras tantas).

O foco nas atividades econômicas talvez tenha ocorrido pelo fato de que seja mais comum a promoção dessas atividades (como o autor comenta), ou pelo fato de que na Constituição Federal de 1988 a sistematização adequada do fomento somente é verificada no Título VII, que trata da ordem econômica e financeira, nos artigos 170, 173 e 174. Quando analisadas as outras atividades que poderiam ser fomentadas, elas se encontram em artigos esparsos da CF, sem um agrupamento lógico.

Da análise dos artigos constitucionais supracitados é possível extrair a conclusão de que a livre-iniciativa é a regra em nosso ordenamento jurídico e que a intervenção estatal na ordem econômica é medida excepcional, prevalecendo as formas de intervenção indireta sobre as formas de intervenção direta.

O fomento estatal é um mecanismo de intervenção estatal indireta que tem como característica o consensualismo (a não coercitividade) e o exercício de função administrativa voltada para a proteção e/ou promoção de um objetivo ligado à satisfação indireta das necessidades públicas, que é usado pelo Poder Público para conduzir e estimular agentes privados a executar atividades econômicas que ensejam a produção de benefícios sociais.

Sílvio Luís Ferreira da Rocha (2006, p. 21), em importante obra sobre o Terceiro Setor, averba que:

> A atuação do Estado mediante a ação administrativa de fomento revela outra característica do chamado Terceiro Setor. Embora, a principio, todos os entes que não exerçam atividade lucrativa e busquem alcançar finalidades sociais relevantes possam integrar o Terceiro Setor, o fato e que os entes que integram o Terceiro Setor buscam, também, receber do Estado os recursos a realização de tais finalidades, mediante, como dito, a ação administrativa de fomento.

Para o autor (2006, p. 40) a Reforma Gerencial do Estado pretendeu introduzir uma "nova fórmula de gestão de serviços públicos" relacionados a diversas áreas, como saúde, educação, assistência social, entre outras, em que o Estado não mais prestaria de forma direta tais serviços e sim os financiaria mediante a outorga de subsídios financeiros a particulares que os prestassem.

1.3 A necessidade de instrumentos de formalização das parcerias

As relações de parceria entre o Estado e o Terceiro Setor devem ser formalizadas, visto que a parceria estabelece uma repartição de responsabilidades, busca por resultados determinados e sinergia de recursos financeiros do Estado e do Terceiro Setor. Os resultados previstos devem ser atingidos por meio de parcerias, mas somente terão sucesso se os parceiros público e privado (Terceiro Setor) realizarem as atividades que estão sob sua responsabilidade.

Sem a formalização necessária, que deverá ser escrita e formal, fica difícil falar em responsabilização do parceiro publico ou privado por ações que deveriam ser realizadas e não foram ou pelos resultados da parceria que não foram alcançados, não sendo possível determinar se houve omissão ou negligência por algum dos partícipes. Então a formalização da parceria é uma condição para a boa gestão das parcerias entre Estados e Terceiro Setor. Também é possível defender que para parcerias de pequeno vulto os instrumentos de formalização sejam flexibilizados, principalmente para OSCs menores.

A parceria é um instrumento voltado para a realização de programas e projetos que tenham um interesse público (visado tanto pela Administração Pública como pelas organizações da sociedade civil) e que acabam sendo realizados por meio de uma colaboração mais estreita entre Estado e entidades do Terceiro Setor. Essa relação colaborativa deve ser formalizada através de um instrumento jurídico que contenha as obrigações, deveres, responsabilidades, resultados que devem ser atingidos, tanto pelo parceiro público quanto pelo privado.

Para os fins da Lei nº 13.019/2014, parceria é:

> (...) conjunto de direitos, responsabilidades e obrigações decorrentes de relação jurídica estabelecida formalmente entre a administração pública e organizações da sociedade civil, em regime de mútua cooperação, para a consecução de finalidades de interesse público e recíproco, mediante a execução de atividade ou de projeto expressos em termos de colaboração, em termos de fomento ou em acordos de cooperação.

Quando o Estado determina que, para realizar uma ação e alcançar certos resultados em uma área específica (saúde, educação, meio ambiente, etc.), deverá haver uma parceria com uma entidade do Terceiro Setor, ele está incentivando/promovendo/estimulando a ação de uma entidade do Terceiro Setor em determinada área. Esse estímulo tem o nome de fomento. Então, o Estado fomenta uma ação privada que será desenvolvida por uma entidade do Terceiro Setor em parceria com o próprio Estado.

Os resultados da parceria são específicos e deverão ser atingidos por meio de uma boa gestão, desde que o parceiro público e o parceiro privado honrem suas responsabilidades, obrigações e deveres para aquela parceria.

Assim, uma entidade do Terceiro Setor, por meio de parceria, realiza as atividades de interesse público para alcançar melhores resultados, pois muitas vezes a *expertise* e experiência das entidades sociais criadas para esse fim irão concretizar o princípio da eficiência e alcançar resultados queridos pela sociedade e pelo Estado.

Anteriormente, os instrumentos para a formalização das parcerias entre Estado e Terceiro Setor eram basicamente: os contratos administrativos, os convênios, os contratos de repasse, os termos de parceria e os contratos de gestão. Com o surgimento da Lei nº 13.019/2014, foram criadas novas normas para as parcerias voluntárias, envolvendo ou não transferências de recursos financeiros entre o Poder Público e as OSCIPs, para a consecução de finalidades de interesse público. Com a promulgação da lei, inicialmente, foram criados dois novos instrumentos de parceria do Estado com as OSCs: o termo de colaboração e o termo de fomento. Após as diversas alterações da Lei nº 13.204/2015, outro instrumento surgiu, qual seja, o acordo de cooperação.

CAPÍTULO 2

ANÁLISE DA LEI DE PARCERIAS DAS ORGANIZAÇÕES DA SOCIEDADE CIVIL COM O ESTADO (LEI Nº 13.019/2014)

Neste capítulo serão analisados os aspectos da Lei nº 13.019/2014, especialmente os pontos relacionados às parcerias do Estado com as OSCs. Para tanto, a análise do contexto do surgimento da lei e dos dispositivos mais importantes é fundamental para o desenvolvimento da obra. Ademais, é necessário tratar das deficiências técnicas e jurídicas da redação da lei para uma crítica construtiva aos elaboradores da lei e gestores das parcerias.

2.1 Contexto do surgimento da Lei nº 13.019/2014

No início dos anos de 1990 a legislação que era aplicada para as parcerias do Estado com o Terceiro Setor era defasada e antiga frente à complexidade e às relações atuais desse tipo de parceria. Não havia uma delimitação sobre o que eram entidades do Terceiro Setor, os instrumentos jurídicos que deveriam ser aplicados e como se davam as parcerias.

O Direito Administrativo brasileiro sofreu intensas mudanças na década de 1990, especialmente pela necessidade de se reduzir os custos do funcionamento estatal e conferir maior eficiência às suas atividades. Nessa década, surge em 1997 o Programa Nacional de Desestatização (Lei nº 9.491/97), que teve o intuito de facilitar a transferência, para fora da ingerência estatal, das atividades que poderiam ser mais bem gerenciadas pelo setor privado. Em 1998 surge a lei que regula as parcerias entre entidades públicas e Organizações Sociais (Lei nº 9.637/98) e em 1999 a lei que regula as parcerias entre as entidades públicas e as Organizações da Sociedade Civil de Interesse Público (Lei nº 9.790/99).

Foi possível notar uma intensa criação de novas denominações e rotulações para a identificação das entidades do Terceiro Setor e muitas delas tornaram-se requisitos de acesso ao repasse de recursos financeiros pelo Estado e outras vantagens (outorga de bens públicos, benefícios fiscais, entre outros).

Nesse período, o enfoque no fomento estatal foi grande e o Estado passou a atuar como regulador e direcionador de atividades públicas, dando apoio ao setor público não estatal para a prestação de atividades de interesse público.

Assim, criaram-se os novos marcos institucionais supracitados com a Lei das Organizações Sociais (Lei nº 9.637/98) e a Lei das Organizações da Sociedade Civil de Interesse Público (Lei nº 9.790/99), gerando novos instrumentos para a pactuação das parcerias, respectivamente, o contrato de gestão e o termo de parceria, visando a superação do modelo convenial, pois o dos convênios, apesar do pouco aprofundamento legislativo e doutrinário, era ordinariamente utilizado no cotidiano da Administração Pública.

Dentre as inovações trazidas pela Lei de OSCIPs, a mais importante tem relação com a transparência, tornando obrigatório submeterem-se anualmente a auditorias internas e externas e dando publicidade às suas demonstrações financeiras e seus relatórios de atividades (MENDONÇA, P.; FALCÃO, D. S., p. 46, 2016).

Pode-se dizer que foi muito importante a inovação trazida por essas novas leis, mas elas apenas instituíram novas qualificações que passaram a conviver com o antigo modelo dos convênios, não havendo uma substituição ou alteração da lei que estava vigente. Isso resultou numa falta de clareza que deu margem a diferentes práticas de gestão pelo contratante/Poder Público, gerando certa insegurança jurídica para as OSCs (MENDONÇA, P.; FALCÃO, D. S., p. 46, 2016).

O modelo originado pelas novas leis foi objeto de resistência, conforme demonstraram Alves e Koga (2006, p. 214/215), e as organizações adaptaram-se não por questões de eficiência, mas pela necessidade de legitimidade. Foi possível notar que houve baixa adesão ao modelo das OSCIPs por diversos motivos, tal como explanam Patricia Mendonça e Domenica Falcão (p. 47, 2016), como por exemplo: movimento de resistência ideológica por parte de muitas organizações (pois identificaram o modelo como um "assalto neoliberal ao Estado"), risco de perda da autonomia das OSCs, ausência de maior detalhamento normativo, facilidade de permanecer realizando convênios e a cultura de resistência dos gestores públicos, que não conheciam as disposições sobre os termos de parcerias. Ademais, os órgãos públicos que avaliam e acompanham a execução dos Termos de Parceria são os mesmos que analisam os convênios, tendendo-se a pautar-se pelos mesmos critérios, seguindo a instrução normativa aplicável aos convênios.

Segundo Mendonça e Falcão (p. 47, 2016), *"uma vez que formatos e modelos já estão estabelecidos, eles tendem a seguir um curso de estabilidade, mesmo que as pressões ambientais indiquem que o modelo do passado não seja mais efetivo como costumava ser"*. No entanto, a inércia organizacional não é a única razão que motiva a resistência dos gestores das OSCs e os gestores públicos. O desconhecimento, a falta de preparo e o não vislumbre da possibilidade de avanço também são pontos que são considerados.

Para Patrícia Mendonça, Mario Aquino Alves e Fernando Nogueira (2013, p. 27), a partir de 1995, o debate sobre a regulamentação e o financiamento governamental às Organizações da Sociedade Civil (OSCs) foi se aprofundando, fruto das discussões que emergiram sobre o papel da sociedade civil (tratada de forma ampla como Terceiro Setor) num momento de forte disputa ideológica sobre os limites da atuação do Estado em diversas áreas, sobretudo na área social. Assim, a partir das rodadas de discussão promovidas pela Comunidade Solidária e de forte negociação no Congresso Nacional, constitui-se um novo marco regulatório por meio da Lei nº 9.790/99, que criou a figura jurídica das Organizações da Sociedade Civil de Interesse Público (OSCIPs) (ALVES; KOGA, 2006, p. 218 e ss.).

Patricia Mendonça e Domenica Falcão (2016, p. 47) trazem aspectos do cenário político das OSCs:

> Com relação ao cenário político das OSCs, conforme apontado por Mendonça, Alves & Nogueira (2013), destacam mudanças na arquitetura de financiamento dessas entidades,a diminuição e redirecionamento programático do apoio da cooperação internacional para o desenvolvimento, na emergência de novos modelos e formatos de sustentabilidade financeira, em parte sustentada por doações de pessoas físicas e jurídicas; e pela crescente "mercantilização" nas relações com o Estado, pela perda de quadros para trabalharem nas áreas sociais, cujas políticas públicas incorporaram as próprias agendas das OSCs, e pela recente onda de criminalização das parcerias. Por parte do Estado, aumentam as pressões por mais transparência, eficiência e efetividade na execução de políticas públicas, consequências de uma maior vigilância da sociedade como um todo.

Após esse cenário de incentivo e fomento estatal ao Terceiro Setor, nos anos 2000 foi possível verificar uma retração ao incentivo e uma insegurança jurídica e institucional, marcada pela legislação insuficiente para abarcar todas as parcerias com o Terceiro Setor, que na maioria das vezes eram feitas por convênios e consórcios. Além disso, surgem diversos escândalos de corrupção que intensificam a insegurança e prejudicam as Organizações da Sociedade Civil que atuavam de forma proba auxiliando o Estado na realização de atividades de interesse público.

Diversas denúncias envolvendo a transferência de recursos do governo federal para as OSCs emergiram entre 2007 e 2010, acentuando o cenário de criminalização das parcerias. A Presidente Dilma Rousseff chega a suspender todos os repasses de convênios federais com OSCs em 2011.

Foi instalada em 2007 a CPI das ONGs, que encerra seus trabalhos em 2010 com uma série de recomendações para aperfeiçoar os mecanismos das parcerias. Segundo Patricia Mendonça e Domenica Falcão (2016, p. 48), "estava instalado um cenário generalizado de desconfiança que culmina com a criminalização das OSCs. Diante desse quadro, tanto o Governo Federal quanto as OSCs se mobilizam para aperfeiçoar os mecanismos que mediam suas relações".

A 2ª Comissão Parlamentar de Inquérito das Organizações Não-Governamentais concluiu pela necessidade de uma nova legislação: "*Do ponto de vista da forma e da natureza jurídica das ONGs, o marco legal existente no Brasil se caracteriza pela sua insuficiência, pela sua imprecisão e talvez mesmo pela sua inadequação, daí porque (...) podemos esperar desta CPI (sic) um trabalho propositivo, com resultados concretos*".[15]

No ano de 2009 advém a Lei nº 12.101, de 27 de novembro de 2009, que traz o tratamento jurídico da CEBAS (Certificação das Entidades Beneficentes de Assistência Social e Educação). A lei traz as possibilidades de concessão e renovação da CEBAS e dispõe sobre a isenção de contribuições para a seguridade social concedida às pessoas jurídicas de direito privado, sem fins lucrativos, reconhecidas como entidades beneficentes de assistência social com a finalidade de prestação de serviços nas áreas de assistência social, saúde ou educação.

---

[15] Ministro-chefe da Controladoria-Geral da União, Jorge Hage, Relatório. *In*: BRASIL. Congresso Nacional. Comissão Parlamentar de Inquérito "das ONGs". Relatório final da "CPI das ONGs". 2010. Brasília. Disponível em: https://www2.senado.leg.br/bdsf/bitstream/handle/id/194594/CPIongs.pdf?sequence=6. Acesso em: 19 fev. 2021.

Em 2010 surge a Plataforma por um Novo Marco Regulatório das Organizações da Sociedade Civil[16] e, com a articulação da plataforma, reivindicou-se dos candidatos à Presidência da República o aprimoramento do ambiente jurídico e institucional das OSCs no País. A candidata eleita Dilma Rousseff assumiu o compromisso de criar um grupo de trabalho para elaborar uma proposta de legislação e atender as demandas da plataforma.

Em 2011, o artigo 5º do Decreto nº 7.568, de 16 de setembro de 2011, instituiu um Grupo de Trabalho Interministerial (GTI), composto pelo Governo e Organizações da Sociedade Civil, com a finalidade de avaliar, rever e propor aperfeiçoamentos na legislação federal relativa à execução de programas, projetos e atividades de interesse público e às transferências de recursos da União mediante convênios, contratos de repasse, termos de parceria ou instrumentos congêneres.

Os órgãos do Governo que compunham o GTI eram, segundo o artigo 7º do Decreto nº 7.568/2011: I – Secretaria-Geral da Presidência da República, que o coordenou; II – Casa Civil da Presidência da República; III – Controladoria-Geral da União; IV – Advocacia-Geral da União; V – Ministério da Justiça; VI – Ministério do Planejamento, Orçamento e Gestão; VII – Ministério da Fazenda; e VIII – sete entidades sem fins lucrativos com atuação nacional.

As entidades foram indicadas pelo Ministro de Estado Chefe da Secretaria-Geral da Presidência da República, que designou os respectivos representantes, sendo escolhidas as seguintes entidades como titulares: ABONG (Associação Brasileira de Organizações Não Governamentais); GIFE (Grupo de Institutos Fundações e Empresas); CLAI-BRASIL (Conselho Latino-Americano de Igrejas); CEBRAF (Confederação Brasileira de Fundações); FGEB (Fundação Grupo Esquel Brasil); UNICAFES (União das Cooperativas de Agricultura Familiar e Economia Solidária) e; CONCRAB (Confederação das Cooperativas de Reforma Agrária do Brasil), e, como suplentes: Instituto Ethos de Empresas e Responsabilidade Social; APEMAS (Associação de Proteção ao Meio Ambiente); Cáritas Brasileira; Visão Mundial; INESC (Instituto de Estudos Socioeconômicos); ISA (Instituto Socioambiental); e FENAPAE (Federação Nacional das Apaes).

É possível notar que não há representação de pequenas OSCs nesse Grupo de Trabalho, o que é indício de uma falta de representatividade e possível caráter elitizador na formação da nova legislação.

---

[16] Disponível em: http://www.participa.br/osc/paginas/historico. Acesso em: 29 jan. 2021.

Nota-se que o estudo do Terceiro Setor e sua legislação no Direito brasileiro avançaram durante os anos, no entanto, a complexidade e a diversidade das parcerias não são tratadas adequadamente pelo cenário legal.

Em 2012, com os resultados obtidos pelas pesquisas e análises do GTI, foi produzido um relatório final para o aperfeiçoamento de uma futura regulamentação das OSCs.

Houve elaboração de uma minuta de projeto de lei que tinha enfoque na contratualização entre as OSCs e a Administração Pública e em 2013 as discussões no Congresso Nacional foram intensificadas, surgindo em 31 de julho de 2014 a Lei nº 13.019/2014, que estabelece o regime jurídico das parcerias entre a Administração Pública e as Organizações da Sociedade Civil, em regime de mútua cooperação, para a consecução de finalidades de interesse público e recíproco, mediante a execução de atividades ou de projetos previamente estabelecidos em planos de trabalho inseridos em termos de colaboração, em termos de fomento ou em acordos de cooperação. Essa lei tentou consolidar e uniformizar o tratamento jurídico das parcerias do Estado com as Organizações da Sociedade Civil.

A Lei nº 13.019/2014 é chamada por alguns de Marco Regulatório das Organizações da Sociedade Civil (MROSC), no entanto, é possível criticar o termo, pois um marco regulatório é mais que uma lei, pois abrange todas as normas, leis e diretrizes que tratam do tema, e, neste caso, incluindo os decretos, portarias setoriais, e outros atos normativos infralegais.

A princípio, a lei deveria entrar em vigor 90 dias a contar de sua publicação, mas, devido à mobilização das entidades do Terceiro Setor e do Poder Público que estavam com dificuldades em se adaptar às diversas mudanças da lei em tão pouco tempo, essa data foi prorrogada pela Medida Provisória nº 658, de 2014, que determinou a *vacatio legis* de 360 dias da publicação da lei. Em julho de 2015 foi publicada a Medida Provisória nº 684 para uma nova prorrogação da lei para que ela entrasse em vigor em 23 de janeiro de 2016.

Em 14 de dezembro de 2015 foi publicada a Lei nº 13.204/2015, que trouxe profundas mudanças à Lei nº 13.019/2014 antes de sua entrada e vigor. Entre essas mudanças foi previsto um novo instrumento, ao lado do termo de fomento e de colaboração já previstos: o acordo de cooperação. A Lei nº 13.204 também possibilitou que a entrada em vigor desta fosse prorrogada para 23 de janeiro de 2016 para a União e os Estados e janeiro de 2017 para os Municípios.

Passando para a análise material da Lei nº 13.019/2014, verifica-se que ela possui seis capítulos, preocupados, respectivamente, com disposições preliminares (objeto da lei, conceitos, etc.), celebração do termo de colaboração e termo de fomento (não se ocupando muito com o acordo de cooperação), formalização e execução das parcerias, prestação de contas, responsabilidades e sanções e, por fim, disposições finais (como a vigência da lei, que foi alterada três vezes).

Para os fins desse trabalho, serão selecionados os assuntos e dispositivos mais importantes, com breves explanações, propondo-se uma sistematização em fases, após a análise linear da lei.

2.2 Denominação: Organização da Sociedade Civil

A Lei nº 13.019/2014, que foi alterada em diversos aspectos pela Lei nº 13.204/2015, traz uma definição de Organização da Sociedade Civil em seu artigo 2º, inciso I, qual seja:

I – organização da sociedade civil: (Redação dada pela Lei nº 13.204, de 2015)

a) entidade privada sem fins lucrativos que não distribua entre os seus sócios ou associados, conselheiros, diretores, empregados, doadores ou terceiros eventuais resultados, sobras, excedentes operacionais, brutos ou líquidos, dividendos, isenções de qualquer natureza, participações ou parcelas do seu patrimônio, auferidos mediante o exercício de suas atividades, e que os aplique integralmente na consecução do respectivo objeto social, de forma imediata ou por meio da constituição de fundo patrimonial ou fundo de reserva; (Incluído pela Lei nº 13.204, de 2015)

b) as sociedades cooperativas previstas na Lei nº 9.867, de 10 de novembro de 1999; as integradas por pessoas em situação de risco ou vulnerabilidade pessoal ou social; as alcançadas por programas e ações de combate à pobreza e de geração de trabalho e renda; as voltadas para fomento, educação e capacitação de trabalhadores rurais ou capacitação de agentes de assistência técnica e extensão rural; e as capacitadas para execução de atividades ou de projetos de interesse público e de cunho social. (Incluído pela Lei nº 13.204, de 2015)

c) as organizações religiosas que se dediquem a atividades ou a projetos de interesse público e de cunho social distintas das destinadas a fins exclusivamente religiosos; (Incluído pela Lei nº 13.204, de 2015)

OSC é uma entidade privada sem fins lucrativos, que poderá ter natureza jurídica de associação civil, fundação privada, organização religiosa, trazidas pelo artigo 44 do Código Civil, ou sociedade cooperativa nas hipóteses previstas na lei. Nota-se que não é necessária uma titulação/certificação para ser enquadrada como OSC. Assim, além das entidades sem fins lucrativos que atuam com atividades de interesse social e que não estão enquadradas nas hipóteses do artigo 3º da Lei, as organizações religiosas e as cooperativas enquadram-se no conceito.

O artigo 53 do Código Civil traz o seguinte no que se refere às associações: "constituem-se as associações pela união de pessoas que se organizem para fins não econômicos". Dessa forma, é desnecessária a presença de um patrimônio, bastando a reunião de vontades.

As fundações privadas também são pessoas jurídicas de direito privado, diferenciando-se das anteriores pela existência de um patrimônio jurídico afetado a determinada finalidade definida em lei e determinada a partir da vontade de seu fundador. O artigo 62 do Código Civil delimita as finalidades possíveis em nove incisos, notando-se que o parágrafo único do artigo foi profundamente alterado pela Lei nº 13.151/2015, trazendo diversas finalidades que antes eram simplificadas em "fins religiosos, morais, culturais e de assistência":

> Art. 62. Para criar uma fundação, o seu instituidor fará, por escritura pública ou testamento, dotação especial de bens livres, especificando o fim a que se destina, e declarando, se quiser, a maneira de administrá-la.
>
> Parágrafo único. A fundação somente poderá constituir-se para fins de: (Redação dada pela Lei nº 13.151, de 2015)
>
> I – assistência social; (Incluído pela Lei nº 13.151, de 2015)
>
> II – cultura, defesa e conservação do patrimônio histórico e artístico; (Incluído pela Lei nº 13.151, de 2015)
>
> III – educação; (Incluído pela Lei nº 13.151, de 2015)
>
> IV – saúde; (Incluído pela Lei nº 13.151, de 2015)
>
> V – segurança alimentar e nutricional; (Incluído pela Lei nº 13.151, de 2015)
>
> VI – defesa, preservação e conservação do meio ambiente e promoção do desenvolvimento sustentável; (Incluído pela Lei nº 13.151, de 2015)
>
> VII – pesquisa científica, desenvolvimento de tecnologias alternativas, modernização de sistemas de gestão, produção e divulgação de informações e conhecimentos técnicos e científicos; (Incluído pela Lei nº 13.151, de 2015)
>
> VIII – promoção da ética, da cidadania, da democracia e dos direitos humanos; (Incluído pela Lei nº 13.151, de 2015)
>
> IX – atividades religiosas; e (Incluído pela Lei nº 13.151, de 2015)
>
> X – (VETADO). (Incluído pela Lei nº 13.151, de 2015)

Cabe notar que a Lei nº 13.204/2015 alterou a redação da Lei nº 13.019/2014, fazendo constar as sociedades cooperativas e as organizações religiosas como OSCs.

As cooperativas sociais são regulamentadas pela Lei nº 9.867/99 e são constituídas com a finalidade de inserir as pessoas em desvantagem no mercado econômico, por meio do trabalho, fundamentam-se no interesse geral da comunidade em promover a pessoa humana e a integração social dos cidadãos, e incluem entre suas atividades: a) a organização e gestão de serviços sociossanitários e educativos; e b) o desenvolvimento de atividades agrícolas, industriais, comerciais e de serviços. Outras sociedades cooperativas também são OSCs, quais sejam: as integradas por pessoas em situação de risco ou vulnerabilidade pessoal ou social; as alcançadas por programas e ações de combate à pobreza e de geração de trabalho e renda; as voltadas para fomento, educação e capacitação de trabalhadores rurais ou capacitação de agentes de assistência técnica e extensão rural; e as capacitadas para execução de atividades ou de projetos de interesse público e de cunho social.

Com relação às organizações religiosas, apenas se enquadram como OSCs aquelas que se dediquem a atividades ou a projetos de interesse público e de cunho social, distintas das destinadas a fins exclusivamente religiosos.

Apesar da lacuna da lei, entende-se que as fundações de apoio inserem-se no termo Organização da Sociedade Civil, especialmente após todo o estudo do Terceiro Setor no Direito brasileiro, pois são pessoas jurídicas de direito privado sem fins lucrativos que podem apoiar setores importantes para a sociedade, como a educação.

Não se incluem nessa definição as entidades que beneficiam especificamente pessoas de determinado grupo. Por exemplo, um clube esportivo é uma entidade sem fins lucrativos, mas beneficia somente seus respectivos sócios.

As entidades do "Sistema S" (serviços sociais autônomos como SESC, SESI, SENAI, etc.) integram o Terceiro Setor, mas não se inserem como Organizações da Sociedade Civil, pois são criadas mediante autorização de lei e atuam no auxílio, fomento e capacitação de determinadas categorias profissionais. Ademais, recebem dinheiro público através de alguns tributos, apesar de não terem finalidade lucrativa. Os serviços sociais autônomos gozam de parafiscalidade, ou seja, atuam do lado do fisco, cobrando tributos (o sistema S não cria tributos, pois essa competência é privativa do Estado, mas cobra contribuições de natureza tributária com caráter coercitivo). Devido a essa parafiscalidade, os entes do "Sistema S" estão sujeitos ao controle do Tribunal de Contas. O artigo 3º, inciso X, da Lei nº 13.019/2014 (incluído pela lei de 2015) deixou clara a exclusão da aplicação da lei aos serviços sociais autônomos.

Algumas leis traziam qualificações jurídicas que são dadas pelo Estado (titulações ou certificações), como os títulos de utilidade pública, a Certificação de Entidades Beneficentes de Assistência Social, as OSs e as OSCIPs. Depois dessa qualificação, a entidade poderia celebrar parceria com o Estado (como o contrato de gestão para OS ou termo de parceria para OSCIP) ou receber determinados benefícios fiscais. Cabe notar que a certificação denominada Título de Utilidade Pública (TUP) foi extinta por determinação da Lei nº 13.204/2015.

Na Lei nº 13.019/2014 há uma ampla definição do que é ser uma Organização da Sociedade Civil (OSC), que poderá ser qualquer entidade privada sem fins lucrativos que poderá ser uma fundação privada ou associação civil, reguladas pelo Código Civil. Assim, qualquer dessas entidades já estará habilitada para celebrar parceria com o Estado através dos instrumentos previstos na lei, retirando-se os benefícios de muitas titulações até então previstas.

Dessa forma, já é chamada de OSC toda e qualquer entidade privada sem fins lucrativos (fundação privada ou associação civil) que realize atividades de interesse público. Com o enquadramento, já estarão habilitadas para celebrar parcerias com o Estado, sendo desnecessária a qualificação ou titulação para celebrar a parceria, mas deverá cumprir os requisitos e exigências da Lei nº 13.019/2014 para a entidade ser beneficiária da parceria.

2.3   Abrangência da Lei nº 13.019/2014

Uma lei nacional que disciplina as relações da Administração Pública com o Terceiro Setor e suas parcerias pode trazer normas gerais sobre o assunto, permitindo-se aos Estados e Distrito Federal a sua suplementação. Quanto aos Municípios, também poderão suplementar as normas gerais federais quando ausentes normas sobre o assunto no âmbito da União e dos Estados. Assim, a Lei nº 13.019/2014 é aplicável à União, Estados, Municípios e Distrito Federal, bem como a suas respectivas autarquias, fundações, empresas públicas e sociedades de economia mista.

Apesar desse suposto caráter nacional, é preciso destacar que a competência legislativa exclusiva da União no caso do Terceiro Setor limita-se à edição de normas gerais. Isso pode ser verificado a partir da leitura do artigo 22, XVII, da CF, que atribui competência legislativa privativa da União para estabelecer normas gerais de licitação e contratação, em todas as modalidades, para as administrações públicas diretas, autárquicas e fundacionais da União, Estados, Distrito Federal e Municípios, obedecido o disposto no art. 37, XXI, e para as empresas públicas e sociedades de economia mista, nos termos do art. 173, §1º, III.

Além disso, o artigo 24 da CF/88 (que trata de diversos temas correlatos ao Terceiro Setor, como cultura, meio ambiente, educação, saúde e desporto, incisos VI, VII e IX, por exemplo) também explicita que a competência legislativa da União, em relação ao alcance aos demais entes federativos, limita-se ao estabelecimento de normas gerais (artigo 24, §1º).

Sendo assim, aparentemente as disposições da Lei nº 13.019/14 que tenham caráter específico (e não geral) não vinculariam Estados, Municípios e Distrito Federal, especialmente se estes tiverem editado regras próprias em sentido contrário.

Dessa forma, os dispositivos que tratem de uma estipulação que dependa de análise do caso concreto, e que não poderiam ser regulamentados por norma geral, devem ser estipulados pelos administradores públicos de cada ente federativo, que determinarão o mais adequado a cada situação, levando em conta as particularidades das atividades. Caso contrário, haveria invasão de competência legislativa constitucional.

De tal modo, a Lei nº 13.019/2014, ao tratar de dispositivos muito específicos, vinculará apenas a Administração Pública Federal e serão normas federais, não vinculando os Estados, Municípios e Distrito Federal que abordarem tais normas em sentido contrário. Esse entendimento é respaldado pela jurisprudência do STF, como na ADI nº 927-3, em que se suspendeu a aplicação de parte do artigo 17 da Lei nº 8.666/93 no âmbito dos Estados, Municípios e Distrito Federal, por faltar-lhe caráter geral. No entanto, se a lei tiver caráter geral, elas serão normas de âmbito nacional, devendo ser aplicadas a todos os entes federativos.

Tratando brevemente do âmbito do município de São Paulo, entre os dias 6 e 20 de maio de 2015, a Prefeitura abriu um processo colaborativo e participativo de regulamentação das novas regras de parcerias entre o Poder Público e as Organizações da Sociedade

Civil. Todos os cidadãos puderam colaborar com a minuta do decreto municipal de regulamentação da Lei Federal nº 13.019/14, que disciplina as parcerias entre as organizações da sociedade civil e a Administração Pública em todas as esferas de Governo (federal, estadual e municipal). A consulta pública era através da plataforma São Paulo Aberta por meio de comentários (após breve cadastro) que o cidadão poderia fazer em cada dispositivo da minuta do decreto.

No dia 11 de maio de 2015, foi realizada uma palestra para apresentar o Processo de Consulta Pública do Decreto Municipal que regulamentará a Lei Federal nº 13.019/2014 (Marco Regulatório das Organizações da Sociedade Civil), promovida pela Secretaria Municipal de Educação, Secretaria Municipal da Assistência e Desenvolvimento Social e outras entidades.

Houve apresentação da minuta do decreto, que ficou disponível na plataforma São Paulo Aberta, depois foi mostrado como é o processo de consulta pública e após abriu-se o debate para as entidades da sociedade civil, que em sua maioria estavam apreensivas para saber se ainda seriam tratadas como parceiros ou apenas teriam os ônus decorrentes da Lei Federal nº 13.019 e do futuro Decreto Municipal (atual Decreto nº 57.575, de 30 de dezembro de 2016). Ademais, os gestores públicos relataram a dificuldade em elaborar o decreto, haja vista a Lei nº 13.019/2014 não abre muito espaço para a regulamentação no âmbito municipal.

Cabe notar que, no âmbito do Estado de São Paulo, não foi encontrado nenhum grupo de trabalho para a elaboração do decreto regulamentador e nem houve consulta pública para a elaboração da minuta do decreto estadual (Decreto nº 62.710, de 26 de julho de 2017).

É importante destacar que, logo no artigo primeiro, o objeto da lei é delimitado por determinar normas gerais para as parcerias entre a Administração Pública e as OSCs. Sendo assim, trata-se de uma lei federal cujo intuito é legislar sobre normas gerais para as parcerias entre a Administração Pública e as organizações da sociedade civil.

Dessa forma, haverá competência suplementar legislativa no âmbito dos Estados, Distrito Federal e Municípios. Quanto ao último (Municípios), só terão competência legislativa suplementar quando não houver legislação sobre o assunto em âmbito federal ou estadual.[17]

---

[17] Art. 30. Compete aos Municípios: II – suplementar a legislação federal e a estadual no que couber.

CAPÍTULO 2
ANÁLISE DA LEI DE PARCERIAS DAS ORGANIZAÇÕES DA SOCIEDADE CIVIL COM O ESTADO (LEI Nº 13.019/2014) | 67

Os Estados Federados exercerão capacidade legislativa plena na ausência de lei federal sobre o assunto. Alguns conceitos são importantes para este trabalho e estão no artigo 2º da Lei nº 13.019, como os de organizações da sociedade civil em seu inciso I,[18] parceria em seu inciso III,[19] termo de colaboração (inciso VII[20]), termo de fomento (inciso VIII[21]) e acordo de cooperação (inciso VIII-A).[22] Cabe notar que até a alteração da Lei nº 13.204 de 2015 não havia a previsão do acordo de cooperação.

Em breve síntese dos instrumentos de parceria previsto da lei, o termo de colaboração é o instrumento por meio do qual são formalizadas as parcerias entre a Administração Pública e as OSCs

---

[18] I – organização da sociedade civil: (Redação dada pela Lei nº 13.204, de 2015)
a) entidade privada sem fins lucrativos que não distribua entre os seus sócios ou associados, conselheiros, diretores, empregados, doadores ou terceiros eventuais resultados, sobras, excedentes operacionais, brutos ou líquidos, dividendos, isenções de qualquer natureza, participações ou parcelas do seu patrimônio, auferidos mediante o exercício de suas atividades, e que os aplique integralmente na consecução do respectivo objeto social, de forma imediata ou por meio da constituição de fundo patrimonial ou fundo de reserva; (Incluído pela Lei nº 13.204, de 2015)
b) as sociedades cooperativas previstas na Lei nº 9.867, de 10 de novembro de 1999; as integradas por pessoas em situação de risco ou vulnerabilidade pessoal ou social; as alcançadas por programas e ações de combate à pobreza e de geração de trabalho e renda; as voltadas para fomento, educação e capacitação de trabalhadores rurais ou capacitação de agentes de assistência técnica e extensão rural; e as capacitadas para execução de atividades ou de projetos de interesse público e de cunho social. (Incluído pela Lei nº 13.204, de 2015)
c) as organizações religiosas que se dediquem a atividades ou a projetos de interesse público e de cunho social distintas das destinadas a fins exclusivamente religiosos; (Incluído pela Lei nº 13.204, de 2015)

[19] III – parceria: conjunto de direitos, responsabilidades e obrigações decorrentes de relação jurídica estabelecida formalmente entre a administração pública e organizações da sociedade civil, em regime de mútua cooperação, para a consecução de finalidades de interesse público e recíproco, mediante a execução de atividade ou de projeto expressos em termos de colaboração, em termos de fomento ou em acordos de cooperação;

[20] VII – termo de colaboração: instrumento por meio do qual são formalizadas as parcerias estabelecidas pela administração pública com organizações da sociedade civil para a consecução de finalidades de interesse público e recíproco propostas pela administração pública que envolvam a transferência de recursos financeiros; (Redação dada pela Lei nº 13.204, de 2015)

[21] VIII – termo de fomento: instrumento por meio do qual são formalizadas as parcerias estabelecidas pela administração pública com organizações da sociedade civil para a consecução de finalidades de interesse público e recíproco propostas pelas organizações da sociedade civil, que envolvam a transferência de recursos financeiros; (Redação dada pela Lei nº 13.204, de 2015)

[22] VIII-A – acordo de cooperação: instrumento por meio do qual são formalizadas as parcerias estabelecidas pela administração pública com organizações da sociedade civil para a consecução de finalidades de interesse público e recíproco que não envolvam a transferência de recursos financeiros; (Incluído pela Lei nº 13.204, de 2015)

para a consecução de atividades de interesse público propostas pela Administração Pública e que envolvam a transferência de recursos financeiros. O termo de fomento é um instrumento semelhante, só que, nesse caso, as propostas são feitas pelas OSCs. Por fim, o acordo de cooperação, incluído pela Lei nº 13.204/2015 são as parcerias firmadas quando não envolver a transferência de recursos financeiros.

2.4 Aplicabilidade e inaplicabilidade da Lei nº 13.019/2014

A Lei nº 13.019/2014 será aplicada às parcerias entre a Administração Pública direta e indireta (exceto estatais prestadoras de serviços públicos não dependentes e estatais econômicas – definição no art. 2º, II) e Organizações da Sociedade Civil (entidades privadas sem fins lucrativos – definição no art. 2º, I).

Cabe observar que, a despeito do conceito de OSC trazer as organizações religiosas que se dediquem a atividades ou a projetos de interesse público e de cunho social distintas das destinadas a fins exclusivamente religiosos, a lei não pretende fomentar atividades religiosas, mas sim atividades sociais exercidas por entidades religiosas, lembrando-se sempre da laicidade do Estado.

O art. 2º, II, traz uma definição restritiva da Administração Pública direta e indireta que é capaz de figurar como parte nesse tipo de parceria. Foram excluídas as empresas estatais econômicas e as estatais que não se submetem ao teto remuneratório, denominadas de estatais independentes (lembrando que aquelas que não dependem do repasse de recursos orçamentários não precisam observar o teto remuneratório – artigo 37, §9º,[23] CF).

A redação inicial dizia que no caso das estatais seriam apenas as estatais prestadoras de serviços públicos – a própria lei excluiu da sua incidência as estatais exploradoras de atividades econômicas. Na nova redação trazida pela Lei nº 13.204/2015, o conceito de Administração Pública foi ainda mais restringido ("alcançadas pelo disposto no *§9º* do art. 37 da CF" – a regra do teto remuneratório só se aplica às estatais dependentes do orçamento, partindo-se de conceitos da Lei

---

[23] Art. 37. §9º O disposto no inciso XI aplica-se às empresas públicas e às sociedades de economia mista, e suas subsidiárias, que receberem recursos da União, dos Estados, do Distrito Federal ou dos Municípios para pagamento de despesas de pessoal ou de custeio em geral. (Incluído pela Emenda Constitucional nº 19, de 1998)

de Responsabilidade Fiscal). *Contrario sensu* do parágrafo 9º é que não se aplica a regra do teto remuneratório às estatais não dependentes do orçamento. Assim, o artigo 37, §9º, da CF, não se aplica às estatais independentes.

Com isso, conclui-se que não se submetem ao regime da Lei nº 13.019/14 as estatais econômicas e as estatais prestadoras de serviço público independentes, ou seja, que não dependem do orçamento para custeio das suas atividades e seus funcionários e servidores.

Em suma, a Lei nº 13.019/2014 só é aplicável à União, Estados, Distrito Federal, Municípios e respectivas autarquias, fundações, empresas públicas e sociedades de economia mista prestadoras de serviço público, e suas subsidiárias, se forem dependentes do orçamento para custeio de suas atividades e deu seu pessoal.

Por fim, não será aplicada a Lei nº 13.019/2014 nos casos previstos no artigo 3º da Lei nº 13.019/2014, com sua alteração dada pela Lei nº 13.2014/2015, que deixou claro que não será aplicada a Lei nº 13.019/2014: a) às transferências de recursos homologadas pelo Congresso Nacional ou autorizadas pelo Senado Federal se houver disposições específicas em tratado internacional; b) aos contratos de gestão celebrados por OSs; c) aos convênios ou contratos celebrados com entidades filantrópicas e sem fins lucrativos (art. 199, §1º, da CF); d) aos termos de compromisso cultural (no âmbito da Política Nacional da Cultura Viva; e) aos termos de parceria celebrados com OSCIPs; f) às transferências realizados no âmbito do Programa de Complementação ao Atendimento Educacional Especializado às Pessoas Portadoras de Deficiência e do Programa Nacional de Alimentação Escolar; g) aos pagamentos realizados a título de anuidade, contribuição ou taxa associativa em favor de organismos compostos por membros de Poder ou Ministério Público, dirigentes de órgão ou de entidade da Administração Pública, pessoas jurídicas de direito público interno e pessoas jurídicas integrantes da Administração Pública; e h) às parcerias entre a Administração Pública e as entidades do "Sistema S" (os serviços sociais autônomos).

Ademais, a Lei nº 13.019/2014 prevê também casos de impedimento à celebração das parcerias em respeito ao princípio da moralidade administrativa (artigo 37 da Constituição Federal). A Lei da Ficha Limpa (Lei Complementar nº 135/2010) foi criada por meio de iniciativa popular (art. 61, §2º, da CF) com o intuito de combater a corrupção na Administração Pública. Essa lei alterou a Lei Complementar nº 64/1990 incluindo as hipóteses de inelegibilidade, que visam proteger a probidade administrativa e a moralidade no exercício do mandato. Pretendeu trazer maior moralização, tornando inelegíveis pessoas que tiveram contas reprovadas. Essa tendência já podia ser verificada pelo Decreto nº 6.170/2007, que tratava das normas relativas às transferências de recursos da União mediante convênios e contratos de repasse e a Portaria Interministerial nº 507, de 24 de novembro de 2011 que tratava das normas de execução do decreto supracitado.

A Lei nº 13.019/2014, inspirada na Lei da Ficha Limpa e nos atos normativos supracitados, estabeleceu hipóteses em que a OSC fica impedida de celebrar parcerias no artigo 39, quais sejam: a) a OSC não esteja regularmente constituída ou, se estrangeira, não esteja autorizada a funcionar no território nacional; b) a OSC esteja omissa no dever de prestar contas de parceria anteriormente celebrada; c) a OSC tenha como dirigente membro de Poder ou do Ministério Público, ou dirigente de órgão ou entidade da Administração Pública da mesma esfera governamental na qual será celebrado o termo de colaboração ou de fomento, estendendo-se a vedação aos respectivos cônjuges ou companheiros, bem como parentes em linha reta, colateral ou por afinidade, até o segundo grau; d) a OSC tenha tido as contas rejeitadas pela Administração Pública nos últimos cinco anos; e) a OSC tenha sido punida, pelo período que durar a penalidade; f) a OSC tenha tido contas de parceria julgadas irregulares ou rejeitadas por Tribunal ou Conselho de Contas de qualquer esfera da Federação, em decisão irrecorrível, nos últimos oito anos; e g) a OSC tenha entre seus dirigentes pessoa cujas contas relativas a parcerias tenham sido julgadas irregulares ou rejeitadas por Tribunal ou Conselho de Contas de qualquer esfera da Federação, em decisão irrecorrível, nos últimos oito anos; julgada responsável por falta grave e inabilitada para o exercício de cargo em comissão ou função de confiança, enquanto durar a inabilitação; ou considerada responsável por ato de improbidade.

No caso da rejeição de contas, a OSC poderá ainda firmar a parceria se for sanada a irregularidade que motivou a rejeição e quitados os débitos eventualmente imputados, for reconsiderada ou revista a decisão pela rejeição ou a apreciação das contas estiver pendente de decisão sobre recurso com efeito suspensivo.

Cabe notar que poderá celebrar a parceria a OSC que: a) sanar a irregularidade que motivou a rejeição das contas e depois que quitados os débitos eventualmente imputados; b) as contas forem reconsideradas ou revistas na decisão pela rejeição; e c) a apreciação das contas estiver pendente de decisão sobre recurso com efeito suspensivo.

2.5 Breve análise das Leis nº 13.019/2014 e nº 13.204/2015 no que se refere às parcerias com as Organizações da Sociedade Civil

A Lei nº 13.204/2015 alterou substancialmente a redação da Lei nº 13.019/2014, destacando-se entre essas alterações o seguinte:

a) alteração do prazo de entrada em vigor da Lei nº 13.019/2014 (23 de janeiro de 2016 para parcerias celebradas por União e Estados e 1º de janeiro de 2017 para Municípios);

b) alteração da definição de Organização da Sociedade Civil (associações, fundações, organizações religiosas e as sociedades cooperativas que atuam com vulnerabilidade social, cooperativas sociais de combate à pobreza e geração de trabalho e renda) – art. 2º, I;

c) alteração de alguns conceitos da lei (parceria, dirigente, administrador, gestor público, termo de fomento e de colaboração) – art. 2º;

d) previsão de um novo instrumento: o acordo de cooperação para as parcerias sem transferências de recursos;

e) ampliação dos casos de exclusão da aplicação da lei não previstos, ampliando o rol e incluindo a exclusão da aplicação da lei para os convênios na área da saúde previstos no artigo 199, §1º, da CF, os termos de parceria com OSCIPs (os contratos de gestão já estavam na hipótese de exclusão), Termos de Compromisso Cultural da Lei Cultura Viva, "Sistema S" e entidades de representação federativa e repasses decorrentes do Programa de Complementação ao Atendimento Educacional Especializado às Pessoas Portadoras de Deficiência, do Programa Dinheiro Direto na Escola e do Programa Nacional de Alimentação Escolar;

f) revogação do artigo 37, que determinava a responsabilidade solidária dos dirigentes das OSCs – a revogação foi essencial para uma boa recepção da lei, pois esse era um dos artigos mais criticados do diploma legal;

g) modificação do tratamento do chamamento público, alterando o artigo 24 da Lei nº 13.019/2014, para dispor que o edital deve conter minuta do instrumento por meio do qual será realizada a parceria, permitir limitação geográfica nos casos de organizações sediadas ou atuantes em determinada unidade da federação em razão de necessidades específicas de determinadas políticas públicas (art. 24, §2º), ausentar o chamamento nos casos que envolvam recursos transferidos decorrentes de emendas parlamentares às leis orçamentárias anuais e os acordos de cooperação. (art. 29), acrescentar hipótese de dispensa para atividades de educação, saúde e/ou assistência social (art. 30) e disciplinar a inexigência nos casos que seja identificada a entidade beneficiária, inclusive quando se tratar de subvenção social (art. 31);

h) simplificação do plano de trabalho (art. 22), não sendo necessária definição de valores e plano de desembolso;

i) determinar a participação de pelo menos um servidor ocupante de cargo efetivo ou emprego permanente do quadro de pessoal da Administração Pública na Comissão de Monitoramento e Avaliação – antes eram obrigatórios 2/3 dos membros (art. 2, XI);

j) estabelecer a observância das normas específicas das políticas públicas setoriais e as suas respectivas instâncias de pactuação e deliberação no escopo normativo da Lei (art. 2-A);

k) vedar o uso do Procedimento de Manifestação de Interesse Social como pressuposto para a abertura de chamamento público ou a celebração de parcerias (art. 21, §3º);

l) reduzir exigências para as OSCs: escalona tempo mínimo de existência exigido para as OSCs estarem em funcionamento, sendo 1 ano para os Municípios; 2 anos para os Estados; e 3 anos para a União, admitida a redução desses prazos por ato específico de cada ente na hipótese de nenhuma organização atingi-los (art. 33, V); revoga a exigência da constituição de conselho fiscal; revoga a necessidade de propriedade e posse legítima de imóvel; revoga o regulamento de compras e contratações (arts. 35 e 43);

m) revoga o título de utilidade pública federal (TUP);

n) as OSCs farão jus aos seguintes benefícios, independentemente de certificação: I – receber doações de empresas, até o limite de 2% (dois por cento) de sua receita bruta; II – receber bens móveis considerados irrecuperáveis, apreendidos, abandonados ou disponíveis, administrados pela Secretaria da Receita Federal do Brasil; III – distribuir ou prometer distribuir prêmios, mediante sorteios, vale-brindes, concursos ou operações assemelhadas, com o intuito de arrecadar recursos adicionais destinados à sua manutenção ou custeio;

o) no que tange à prestação de contas: define prazo de prescrição em cinco anos, contados a partir da data da apresentação da prestação de contas (art. 73); redefine prestação de contas parcial para as parcerias cujo prazo de duração seja superior a 1 (um) ano (art. 67); possibilita que cada ente federado crie suas regras simplificadas de prestação de contas, de acordo com sua realidade e independente do recorte de R$ 600.000,00; faculta à OSC a solicitação de autorização para a

Administração Pública a fim de ressarcir o erário por meio de ações compensatórias (art. 72, §2º); análise dos objetivos e metas do plano de trabalho passa a ser critério para que a prestação de contas seja avaliada como regular.

Assim, nota-se uma necessária e essencial evolução entre as Leis nº 13.019 e nº 13.204, pois foi verificada uma flexibilização necessária para uma lei que pretende ser aplicada em todos os entes da federação. É possível defender que a exclusão do regulamento de compras e do conselho fiscal pode facilitar os desvios de recursos públicos, desestimulando boas práticas anteriormente previstas. Apesar disso, a Lei nº 13.204/2015 trouxe inovações importantes para a implementação da Lei nº 13.019/2014.

Para estruturar o exame da lei, a apresentação foi sistematizada em fases, conforme apresentado pela Secretaria Geral da Presidência da República em seu manual *"Entenda o MROSC – Marco Regulatório das Organizações da Sociedade Civil: Lei 13.019/2014"* (2016, p. 45 e ss.), quais sejam: planejamento, seleção, execução, monitoramento e avaliação e prestação de contas. Cabe notar que a análise da lei será feita levando em conta as substanciais alterações da Lei nº 13.204/2015.

Na primeira fase, a preocupação é com o plano de trabalho (requisitos no artigo 22 da lei) e com a capacitação dos gestores públicos e das entidades do Terceiro Setor (artigo 7º). Nessa fase, um importante instrumento previsto é o Procedimento de Manifestação de Interesse Social (PMIS – artigo 18). Por meio das PMIS as organizações da sociedade civil, movimentos sociais e cidadãos poderão apresentar propostas ao Poder Público para que este avalie a possibilidade de realização de um chamamento público objetivando a celebração de parceria.

Na fase de seleção das entidades, o instrumento mais importante, como o próprio nome já diz, é o chamamento público (artigo 23 e ss.), que é um procedimento destinado a selecionar organização da sociedade civil para firmar parceria por meio de termo de colaboração ou de fomento. Há algumas hipóteses de dispensa e inexigibilidade do chamamento público (artigos 30 e 31). Ademais, nessa fase verificam-se alguns requisitos que as organizações da sociedade civil devem cumprir (artigo 33, V[24]).

---

[24] Art. 33. Para celebrar as parcerias previstas nesta Lei, as organizações da sociedade civil deverão ser regidas por normas de organização interna que prevejam, expressamente: V – possuir: (Incluído pela Lei nº 13.204, de 2015)

Na fase de execução, verifica-se a possibilidade das entidades atuarem em rede (artigo 35-A). Há a necessidade de prévia previsão orçamentária da execução da parceria (artigo 35, II). A lei prevê procedimentos próprios para a liberação de recursos (artigo 48 prevê que deve haver um cronograma de desembolso) e para a realização de despesas (artigo 45 e seguintes).

A fase de monitoramento e avaliação tem uma seção própria na lei (seção VII do Capítulo III) em que há a possibilidade de criação de uma comissão de monitoramento e avaliação (artigo 59). Observa-se que o artigo 60 prevê que a execução da parceria será acompanhada e fiscalizada pelos conselhos de políticas públicas das áreas correspondentes de atuação existentes em cada esfera de governo. Além disso, todas as etapas da parceria deverão ser registradas em plataforma eletrônica (artigo 65), permitindo-se a visualização por qualquer interessado. Nessa fase poderá ser criado o Conselho Nacional de Fomento e Colaboração, de composição paritária entre representantes governamentais e organizações da sociedade civil, com a finalidade de divulgar boas práticas e propor e apoiar políticas e ações voltadas ao fortalecimento das relações de fomento e de colaboração.

Ainda nessa fase, verifica-se que é possível a integração de Estados e Municípios ao SICONV perante autorização da União (art. 81) e enquanto não for viabilizada a adaptação ao Sistema de Gestão de Convênios e Contratos de Repasse – SICONV – ou de seus correspondentes nas demais unidades da federação, serão utilizadas as regras previstas antes da entrada em vigor da Lei nº 13.019 para o repasse dos recursos a organizações da sociedade civil decorrentes de parcerias celebradas. Os Municípios de até cem mil habitantes serão autorizados a efetivar a prestação de contas e os atos dela decorrentes sem utilização da plataforma eletrônica prevista no art. 65.

---

a) no mínimo, um, dois ou três anos de existência, com cadastro ativo, comprovados por meio de documentação emitida pela Secretaria da Receita Federal do Brasil, com base no Cadastro Nacional da Pessoa Jurídica – CNPJ, conforme, respectivamente, a parceria seja celebrada no âmbito dos Municípios, do Distrito Federal ou dos Estados e da União, admitida a redução desses prazos por ato específico de cada ente na hipótese de nenhuma organização atingi-los; (Incluído pela Lei nº 13.204, de 2015)
b) experiência prévia na realização, com efetividade, do objeto da parceria ou de natureza semelhante; (Incluído pela Lei nº 13.204, de 2015)
c) instalações, condições materiais e capacidade técnica e operacional para o desenvolvimento das atividades ou projetos previstos na parceria e o cumprimento das metas estabelecidas. (Incluído pela Lei nº 13.204, de 2015)

A última fase é a da prestação de contas, que tem capítulo próprio na lei (é o Capítulo IV que traz os artigos 63 e seguintes), que trata de prazos e normas que deverão ser obedecido para a prestação de contas (que deverá ser feita toda em plataforma eletrônica, conforme artigo 65). Observa-se que a Lei nº 13.204/2015 acertadamente retirou a disposição de simplificação de prestação de contas baseado no valor (seiscentos mil reais) e agora dispõe apenas que "o regulamento estabelecerá procedimentos simplificados para prestação de contas" (artigo 63, §3º).

Após todas as fases, o legislador prevê a possibilidade de três tipos de sanções caso a parceria seja executada em desacordo com o plano de trabalho: advertência; suspensão temporária da participação em chamamento público e impedimento de celebrar parceria ou contrato com órgãos e entidades da esfera de governo da Administração Pública sancionadora, por prazo não superior a dois anos; e declaração de inidoneidade. Os artigos 10, 11 e 23 da Lei de Improbidade Administrativa foram alterados, prevendo-se novas modalidades de improbidade.

O contexto da realização da lei também é importante. Os escândalos de corrupção no país fizeram com que o legislador buscasse uma lei mais rígida e minuciosa que não desse muita margem de escolha para o administrador. Esse foi o mesmo caminho escolhido pela Lei nº 8.666/1993, a qual, inclusive, tem muitos dispositivos semelhantes à Lei nº 13.019.[25] Essa superlegalização[26] pode trazer problemas no que tange à regulamentação das especificidades das parcerias nos outros entes federativos, não abrindo margem a interpretações nos dispositivos restritos e nem possibilitando a inovação.

Há que se elogiar a Lei nº 13.204/2015, que flexibiliza diversas disposições da Lei nº 13.019/2014, excluindo dispositivos de caráter muito específico, como os artigos 47 (gastos administrativos limitados a 15% do valor da parceria) e 56 (remanejamento de recursos que não pode ultrapassar 25% das rubricas originais), que eram disposições que dependeriam de análise do caso concreto e careceriam do caráter geral

---

[25] O artigo 116 e seus parágrafos da Lei nº 8666/1993 que tratam dos convênios tem diversos dispositivos semelhantes (ou idênticos) aos da Lei nº 13.019/2014. Por exemplo, o parágrafo 6º do artigo 116 da Lei nº 8.666 tem semelhante disposição ao artigo 52 da Lei nº 13.019/2014. O parágrafo 1º do artigo 116 da Lei nº 8.666 faz exigência de plano de trabalho, também exigido no artigo 22 da Lei nº 13.019/2014.

[26] Termo utilizado por André Rosilho (2012) no artigo "As licitações segundo a Lei 8.666/93: um jogo de dados viciados", com o intuito de relatar que a superlegalização poderia engessar a atividade do administrador público.

da lei. Além disso, a Lei nº 13.204/2015 revogou/alterou diversos que continham requisitos para os planos de trabalhos, para a capacidade das OSCs celebrarem parcerias, para os editais de chamamento público, entre outros, mantendo, assim, o caráter geral que a lei deve ter.

2.5.1 Fase de planejamento

A fase de planejamento abrange as previsões do Procedimento de Manifestação de Interesse Social, a capacitação de profissionais, instalações prévias e o plano de trabalho, verificados a seguir.

2.5.1.1 O Procedimento de Manifestação de Interesse Social

Na lei há a previsão do Procedimento de Manifestação de Interesse Social (PMIS), instrumento por meio do qual as organizações da sociedade civil, movimentos sociais e cidadãos poderão apresentar propostas ao Poder Público para que se examine a possibilidade de realização de chamamento público para eventual celebração de parceria.

A proposta em sede de PMIS deverá ser encaminhada à Administração Pública e deverá atender aos seguintes requisitos determinados no artigo 19, *in verbis*: I – identificação do subscritor da proposta; II – indicação do interesse público envolvido; III – diagnóstico da realidade que se quer modificar, aprimorar ou desenvolver e, quando possível, indicação da viabilidade, dos custos, dos benefícios e dos prazos de execução da ação pretendida.

Preenchidos os requisitos, a Administração deverá tornar a proposta pública em seu sítio eletrônico. Verificando-se a conveniência e a oportunidade para a realização do PMIS, o procedimento será instaurado para que a sociedade seja ouvida sobre o tema através de consulta pública. O PMIS, depois de instaurado, observará os prazos e procedimentos dos regulamentos próprios de cada ente federado.

Observe-se que a realização de PMIS não implicará, necessariamente, a execução do chamamento público. Apenas após juízo discricionário, levando-se em conta os interesses da Administração é que será realizado o chamamento público. Ademais, é vedado condicionar a realização de chamamento público ou a celebração de parceria à prévia realização de PMIS.

Por meio do PMIS, o Poder Público convoca entidades privadas interessadas para que apresentem seus projetos. O Estado não é obrigado a escolher nenhum dos projetos, mas havendo a seleção de um deles, o Poder Público realizará o chamamento público, do qual o autor do projeto poderá participar, com outros interessados. O PMIS é um procedimento preliminar e não é obrigatório. Uma vez instrumentalizado o PMIS, se o Estado selecionar o projeto, deverá ser realizado um chamamento público com base naquele projeto. O projeto precisa ser objetivo e passível de execução.

O Estado, eventualmente, ao invés de trazer ele mesmo o projeto de contratação, por não haver expertise necessária ou por a iniciativa privada poder trazer melhores projetos, permite que a iniciativa privada traga projetos. Assim, o Estado estabelece regras e objetivos bem gerais do que pretende alcançar e a inciativa privada vai apresentar projetos e o Estado pode ou não escolher.

2.5.1.2 Capacitação de profissionais

Um possível problema de ordem operacional encontra-se no artigo 7º, parágrafo único, da Lei nº 13.019/2014, pois tal dispositivo determina que a participação nos programas de capacitação de profissionais (tanto da Administração Pública como das organizações da sociedade civil e dos membros dos conselhos e comissões) não constituirá condição para o exercício da função envolvida na materialização das parcerias disciplinadas na Lei. Sendo assim, não é requisito fundamental ao exercício da função a participação nos programas de capacitação. Segundo André Tito da Motta Oliveira (2014, p. 82), "poderia o legislador ter avançado nesse ponto, pois, ao prever sua facultatividade, mesmo que de forma indireta, na prática, poderá levar à sua inexecução, deixando de lados os programas mencionados de capacitação".

2.5.1.3 Instalações prévias

O artigo 33, inciso V, alínea "c", estabelece que a organização possua "instalações, condições materiais e capacidade técnica e operacional para o desenvolvimento das atividades ou projetos previstos na parceria e o cumprimento das metas estabelecidas". No entanto, o art. 33, §5º, parece relativizar o mandamento ao dispor que, "para fins de atendimento do previsto na alínea c do inciso V, não será necessária a demonstração de capacidade instalada prévia".

Além disso, o artigo 34, IV, da lei foi revogado, não havendo mais necessidade de as OSCs que almejem celebrar parcerias apresentarem documento que evidencie a situação das instalações e as condições materiais da entidade, mesmo quando essas instalações e condições forem necessárias para a realização do objeto pactuado.

A redação é extremamente contraditória e traz em si uma problemática. De um lado, a lei exige as instalações e condições materiais para desenvolvimento da parceria, mas em seguida afirma que ela não precisa ser demonstrada previamente. Para se afastar essa incongruência, há que se entender que a instalação é obrigatória, mas que pode ser comprovada em momento posterior.

2.5.1.4 O plano de trabalho

Para que haja celebração e posterior formalização de uma parceria, é necessário que haja aprovação do plano de trabalho (artigo 35, IV, da Lei nº 13.019). O plano de trabalho poderá ser proposto pela Administração Pública, no caso do termo de colaboração, ou pelas organizações da sociedade civil, no caso do termo de fomento. O plano de trabalho é instrumento essencial a um efetivo controle de resultados antes da celebração da parceria, durante sua execução e no momento posterior a sua realização.

Diversos requisitos deverão constar no plano de trabalho para que ele seja aprovado. O detalhamento dos elementos principais do plano de trabalho está no artigo 22 da Lei nº 13.019/2014. Observa-se que, após a vigência da Lei nº 13.204/2015, houve uma flexibilização dos requisitos de aprovação, como é possível verificar nos diversos incisos revogados ou alterados do artigo 22, como será analisado a seguir.

Dentre as exigências da Lei, deverá constar do plano de trabalho de parcerias celebradas, mediante termo de colaboração ou termo de fomento, a descrição da realidade que será objeto da parceria, devendo ser demonstrado o nexo entre essa realidade e as atividades ou projetos e metas a serem atingidas (inciso I do artigo 22 da Lei). Então, deve haver comprovação da pertinência temática dos objetos da parceria, através do liame entre a realidade e as atividades, projetos ou metas a serem atingidos. Nota-se que antes da alteração de dezembro de 2015, era necessário um *diagnóstico* da realidade e não uma mera descrição.

Os incisos II e II-A do artigo 22 da Lei nº 13.019 merecem comentários mais abrangentes em uma análise conjunta. Antes da alteração de 2015, era obrigatório inserir uma descrição pormenorizada de metas *quantitativas* e *mensuráveis* do que se procurava implementar. Com a inserção do inciso II-A, deve haver apenas uma *previsão* de receitas e despesas a serem realizadas na execução das atividades ou dos projetos abrangidos pela parceria. E o inciso II, atualmente, estabelece apenas que deve haver uma descrição de metas a serem atingidas e de atividades ou projetos a serem executados, não trazendo necessidade de expressar detalhadamente e em números o que se pretendia com a parceria.

A antiga redação era uma resposta ao anseio da sociedade de se diminuir a corrupção e estabelecer metas concretas para as parcerias com o Terceiro Setor. Esse movimento tendia a diminuir muito a discricionariedade do administrador público, devido a uma *superlegalização* da lei em prever necessidade de quantificar e mensurar o que se pretendia com a parceria. Ademais, ultrapassava o âmbito de regulamentação da Lei nº 13.019, pois como a pretensão era que fosse uma lei de âmbito nacional, só poderia regulamentar *normas gerais* aplicáveis a todos os entes federados. Essa *superlegalização* não levava em conta as particularidades de cada local do território nacional em que os termos de colaboração e os termos de fomento poderiam ser pactuados.

Além disso, com a Lei nº 13.204/2015 não é necessário estipular o prazo de execução no plano de trabalho, mas apenas explicitar a forma de execução das atividades ou projetos e de cumprimento das metas (inciso III do artigo 22).

A Lei de 2015 também alterou o inciso IV, com o mesmo intuito da mudança do inciso II, pois antes da alteração era necessário apresentar indicadores "qualitativos e quantitativos" para a aferição do cumprimento de metas. Com a mudança, é preciso apresentar apenas a definição dos parâmetros a serem utilizados para a aferição do cumprimento de metas.

Os incisos V a X do artigo 22, além de seu parágrafo único, foram revogados com a Lei nº 13.204/2015. Todos eles inserem-se na mesma linha de críticas já apontadas anteriormente. Havia o risco de *superlegalizar* a Lei nº 13.019/2014 ao exigir dados quantitativos muito específicos para uma lei de âmbito nacional. O inciso V, por exemplo, exigia a indicação da mensuração dos custos (sugerindo cotações, tabelas de preços de associações profissionais e publicações especializadas) para demonstrar se eram compatíveis com os preços praticados no mercado ou em outras parcerias. Esses incisos revogados pretendiam que houvesse uma estimativa de valores e prazos que não poderiam ser previstos para a celebração de todas as parcerias da federação.

Além disso, outro exemplo de tal crítica é o parágrafo único do artigo 22, também revogado, que determinava que cada ente federado estabeleceria, de acordo com a sua realidade, o valor máximo que poderá ser repassado em parcela única para a execução da parceria, o que deveria ser justificado pelo administrador público no plano de trabalho. Tal disposição cabe a cada ente da federação estipular por regulamento próprio, não cabendo uma lei nacional determinar como será feito.

O plano de trabalho da parceria poderá ser revisto para alteração de valores ou de metas, mediante termo aditivo ou por apostila ao plano de trabalho original, segundo o artigo 57 da Lei.

No que se refere à necessidade de plano de trabalho para os instrumentos de pactuação, a Lei nº 13.019/2014, em seus artigos 22 e 35, deixa implícito que não há necessidade de plano de trabalho para firmar acordo de cooperação (instrumento de formalização de parcerias que não envolvam transferência de recursos públicos), mas tão somente para os termos de fomento e colaboração. A Lei nº 13.204/2015 (que trouxe muitas mudanças à Lei nº 13.019/2014) instituiu o acordo de cooperação e mudou a redação do *caput* do artigo 22, que antes previa os requisitos do plano de trabalho "sem prejuízo da modalidade adotada". Com a alteração da redação, o artigo 22, *caput*, da Lei nº 13.019 trata dos requisitos do plano de trabalho "de parcerias celebradas mediante termo de colaboração e termo de fomento", não mencionando o acordo de cooperação. Além disso, o artigo 35 da Lei nº 13.019 versa sobre providências que devem ser tomadas para a celebração de termo de colaboração e termo de fomento (sem fazer referência ao acordo de cooperação) e, dentre elas, o inciso IV relata a necessidade de aprovação do plano de trabalho.

Ocorre que o parágrafo único do artigo 42 da Lei nº 13.019 relata que deverá constar como anexo do termo de colaboração, do termo de fomento ou do *acordo de cooperação* o plano de trabalho, que deles será *parte integrante* e *indissociável*.

Então, quanto ao acordo de cooperação, a Lei nº 13.019 e suas posteriores alterações não deixaram claro se é necessário para a consecução de plano de trabalho, ou se é necessário apenas um plano de trabalho simplificado (sem os requisitos do artigo 22), não precisando haver a sua aprovação pelo Poder Público (pois o acordo de cooperação não está mencionado no *caput* do artigo 35). Não se sabe se houve um equívoco do legislador, mas ocorreu pelo menos uma falha ao instituir um novo instrumento de pactuação e não alterar e revisar os dispositivos que dele fazem menção.

2.5.2   Fase de seleção

A fase de seleção abrange a previsão da comissão de seleção, do procedimento de chamamento público, da possibilidade de contratação direta e das hipóteses de atuação em rede.

2.5.2.1   A comissão de seleção

A comissão de seleção vem definida pela Lei nº 13.019 como "órgão colegiado destinado a processar e julgar chamamentos públicos, constituído por ato publicado em meio oficial de comunicação, assegurada a participação de pelo menos um servidor ocupante de cargo efetivo ou emprego permanente do quadro de pessoal da administração pública" (art. 2º, X).[27]

É o órgão criado pelo Poder Público para atuar como instância consultiva, na respectiva área de atuação, na formulação, implementação, acompanhamento, monitoramento e avaliação de políticas públicas. Através desse conselho que as políticas públicas serão planejadas para a consecução de fins de interesse público pelas "parcerias sociais" entre as organizações da sociedade civil e o Poder Público.

2.5.2.2   Regularidade trabalhista

A Lei nº 13.019/2014, em seu art. 34, estabelece que a OSC deverá ter regularidade fiscal, previdenciária, tributária. A Lei nada fala, no entanto, em relação à regularidade trabalhista, o que pode permitir que uma OSC que desrespeite os direitos dos trabalhadores venha a ser fomentada pelo Estado em detrimento de OSC que opera corretamente; e isso não pode ocorrer.

---

[27] Diferentemente, a Comissão de Avaliação e Monitoramento é definida pelo art. 2º, inciso XI, como "órgão colegiado destinado a monitorar e avaliar as parcerias celebradas com organizações da sociedade civil mediante termo de colaboração ou termo de fomento, constituído por ato publicado em meio oficial de comunicação, assegurada a participação de pelo menos um servidor ocupante de cargo efetivo ou emprego permanente do quadro de pessoal da administração pública".

2.5.2.3 Chamamento público

A lei propõe um novo modelo de seleção dos entes parceiros, denominado "chamamento público",[28] detalhado na Seção VIII da Lei (artigo 23 e seguintes), cujo objetivo é selecionar as entidades que irão celebrar parcerias com o Poder Público. A lei traz requisitos do edital, procedimento, critérios de seleção, hipóteses de dispensa e inexigibilidade, e vedações de participação.

A lei determina que a Administração Pública deverá adotar procedimentos claros, objetivos e simplificados que orientem os interessados e facilitem o acesso direto aos seus órgãos e instâncias decisórias, independentemente da modalidade de parceria. Verifica-se que a Lei nº 13.204 também flexibilizou os requisitos do edital de chamamento público.

O julgamento para a seleção da entidade parceira é feito antes da habilitação da OSC. A inversão da ordem das fases de habilitação e julgamento permite simplificar o procedimento de seleção da entidade parceira e conferir maior celeridade ao chamamento público. Ao se iniciar com a classificação e julgamento das propostas, ao final desta fase haverá uma ordem de classificação das propostas, definindo aquele licitante melhor classificado. Portanto, na fase de habilitação, será necessário avaliar as condições de regularidade previstas no edital de um único proponente (o melhor classificado) e, caso atenda às exigências do instrumento convocatório, será declarado vencedor do certame. É uma tendência já vista na Lei do Pregão (Lei nº 10.520/2002), na Lei das Parcerias Público-Privadas (Lei nº 11.079/2004) e na Lei do Regime Diferenciado de Contratação (Lei nº 12.462/2011).

Em relação ao critério de julgamento das propostas das OSCs, de acordo com o art. 27 da Lei, "o grau de adequação da proposta aos objetivos específicos do programa ou da ação em que se insere o objeto da parceria e, quando for o caso, ao valor de referência constante do chamamento constitui critério obrigatório de julgamento". Tal dispositivo demonstra que o edital deve prever valores específicos por cada parceria, mas, na prática, é possível que surjam propostas que

---

[28] O artigo 2º, XII, da Lei nº 13.019/2014 define chamamento público como o procedimento destinado a selecionar organização da sociedade civil para firmar parceria por meio de termo de colaboração ou de fomento, no qual se garanta a observância dos princípios da isonomia, da legalidade, da impessoalidade, da moralidade, da igualdade, da publicidade, da probidade administrativa, da vinculação ao instrumento convocatório, do julgamento objetivo e dos que lhes são correlatos.

obtenham a melhor qualificação no chamamento, mas que exijam maior ou menor investimento. Nesses casos, diz a lei que a Administração deverá justificar a seleção da proposta que não atende especificamente ao critério de julgamento financeiro.

Em outras palavras, o legislador autorizou o Estado a gastar mais ou menos que o previsto no planejamento do chamamento, mas desde que haja motivos relevantes para tanto. É de se questionar, porém, se essa autorização não acaba ao final por distorcer o procedimento, mormente nas hipóteses em que a proposta escolhida supera o valor de referência. Essa preocupação afigura-se justificável, na medida em que a aceitação de uma proposta que não adere ao valor de referência (por ultrapassá-lo) significa, em última instância, que a Administração seleciona um parceiro que não respeita por completo os termos do edital em detrimento eventual de outra OSC que tenham observado exatamente as normas editalícias.

Uma vedação ao chamamento público que merece destaque é a prevista do artigo 24, parágrafo 2º, em que se veda nos atos de convocação, cláusulas ou condições que comprometam, restrinjam ou frustrem o seu caráter competitivo em decorrência de qualquer circunstância impertinente ou irrelevante para o específico objeto da parceria, admitindo-se a seleção de propostas apresentadas exclusivamente por concorrentes sediados ou com representação atuante e reconhecida na unidade da federação onde será executado o objeto da parceria e o estabelecimento de cláusula que delimite o território ou a abrangência da prestação de atividades ou da execução de projetos, conforme estabelecido nas políticas setoriais.

Em relação aos critérios, afirma a lei que o chamamento deve ser conduzido de modo objetivo. Isso consta expressamente do art. 24, §1º, V, no qual se impõe como elemento obrigatório do edital a previsão de critérios de seleção e julgamento das propostas, inclusive no tocante à "metodologia de pontuação e ao peso atribuído a cada um dos critérios estabelecidos". Todavia, diferentemente do que se verifica na legislação a respeito de contratos operacionais (obras, serviços e compras) ou de contratos de concessão (tanto os comuns quanto as parcerias público-privados), a Lei nº 13.019 não aponta explicitamente os critérios que devem ser empregados no chamamento.

Com isso, o Congresso Nacional abriu espaço para que Estados e Municípios definissem seus próprios critérios por lei ou, alternativamente, que decidam não estabelecer qualquer critério legal, de modo a deixar no campo da discricionariedade administrativa a elaboração do critério de julgamento em cada caso – alternativa essa que confere muito mais margem de flexibilidade e criatividade para o administrador público.

Outra questão interessante diz respeito à permeabilidade do chamamento público para *técnicas discriminatórias e inclusivas*. Em paralelo ao que se determina na Lei Geral de Licitações e Contratos, o legislador vedou "admitir, prever, incluir ou tolerar, nos atos de convocação, cláusulas ou condições que comprometam, restrinjam ou frustrem o seu caráter competitivo em decorrência de qualquer circunstância impertinente ou irrelevante para o específico objeto da parceria". Por interpretação negativa desse mandamento, medidas discriminatórias são aceitáveis com a condição de que guardem relação de pertinência e relevância para a execução do contrato. Assim, por exemplo, o edital pode prever a exigência de anos de experiência como requisito de participação ou utilização de matérias-primas sustentáveis ou o respeito a determinadas condições trabalhistas pelo parceiro desde que esses critérios discriminatórios se acoplem logicamente ao objetivo da parceria. As discriminações e exigências editalícias não podem ser, contudo, falsamente construídas no intuito de restringir a concorrência ou direcionar o chamamento em favor de uma OSC específica.

Além da exceção geral, o próprio legislador abriu espaço para outras medidas discriminatórias, incluindo: a) a possibilidade de seleção de propostas apresentadas exclusivamente por concorrentes sediados ou com representação atuante e reconhecida na unidade da Federação onde será executado o objeto da parceria (cláusula de discriminação de origem ou de área de atuação); e b) o estabelecimento de cláusula que delimite o território ou a abrangência da prestação de atividades ou da execução de projetos (discriminação pela área de atuação).

2.5.2.4 Contratação direta da entidade parceira

Há quatro exceções à seleção da entidade parceira através de chamamento público previstas na Lei nº 13.019, quais sejam: 1) a contratação direta de acordo de cooperação; 2) a contratação direta de termos de colaboração ou fomento que envolvam recursos decorrentes de emendas parlamentares às leis orçamentárias anuais; 3) as hipóteses de dispensa e 4) as hipóteses de inexigibilidade de chamamento público (MARRARA, T.; CESÁRIO, N.A., 2016, p. 713)

A primeira hipótese em que não há necessidade de realização de chamamento público relaciona-se ao acordo de cooperação, instrumento de formalização das parcerias que se diferencia do termo de colaboração e do termo de fomento, pois nele em regra inexiste transferência de recursos financeiros entre a Administração Pública e a OSC que realizará a parceria para a consecução de finalidades de interesse público e recíproco. Porém, quando o objeto do acordo de cooperação envolver a celebração de comodato, doação de bens ou outra forma de compartilhamento de recurso patrimonial, o chamamento público será necessário. Tal disposição sugere que, quando houver um compartilhamento de recursos patrimoniais que possa trazer algum ônus para a Administração Pública (e benefício para a OSC), será imprescindível realizar um procedimento garantidor da isonomia das organizações que desejam acessar os benefícios oferecidos na política de fomento estatal.

O art. 29 da Lei nº 13.019 traz também a segunda exceção: é a hipótese em que o termo de colaboração e o termo de fomento envolvam recursos decorrentes de emendas parlamentares às leis orçamentárias anuais. A emenda parlamentar está prevista no art. 166, parágrafos 2º, 3º e 4º da Constituição Federal,[29] e é o instrumento que os parlamentares federais, estaduais e municipais possuem para participar e influir na elaboração de seus respectivos orçamentos.

Além dos dois primeiros casos, a Lei excepciona o chamamento por meio de técnicas de contratação direta próprias. Essas possibilidades estão divididas em dispensa e inexigibilidade (que são as duas últimas hipóteses de celebração da parceria sem chamamento público). A diferença básica entre dispensa e inexigibilidade está no fato de que, como ensina Maria Sylvia Zanella Di Pietro (2012, p. 388).

> (...) na dispensa, há possibilidade de competição que justifique a licitação; de modo que a lei faculta a dispensa, que fica inserida na competência discricionária da Administração. Nos casos de inexigibilidade, não há

---

[29] Art. 166, §2º. As emendas serão apresentadas na Comissão mista, que sobre elas emitirá parecer, e apreciadas, na forma regimental, pelo Plenário das duas Casas do Congresso Nacional. §3º As emendas ao projeto de lei do orçamento anual ou aos projetos que o modifiquem somente podem ser aprovadas caso: I – sejam compatíveis com o plano plurianual e com a lei de diretrizes orçamentárias; II – indiquem os recursos necessários, admitidos apenas os provenientes de anulação de despesa, excluídas as que incidam sobre: a) dotações para pessoal e seus encargos; b) serviço da dívida; c) transferências tributárias constitucionais para Estados, Municípios e Distrito Federal; ou III – sejam relacionadas: a) com a correção de erros ou omissões; ou b) com os dispositivos do texto do projeto de lei. §4º As emendas ao projeto de lei de diretrizes orçamentárias não poderão ser aprovadas quando incompatíveis com o plano plurianual.

possibilidade de competição, porque só existe um objeto ou uma pessoa que atenda ás necessidades da Administração; a licitação é, portanto, inviável.

Assim, aplicando-se às hipóteses de chamamento público, haverá dispensa quando, ainda que haja possibilidade de competição que o justifique, o legislador faculte a dispensa ao chamamento público, que será determinado a partir de uma análise discricionária da Administração Pública. Já no caso de inexigibilidade, a competição não é possível, ou pela natureza singular do objeto da parceria ou porque as metas somente podem ser atingidas por apenas uma entidade específica. Assim, há uma inviabilidade de competição entre as organizações da sociedade civil.

Para a dispensa de chamamento público, é possível dividir as suas hipóteses de duas maneiras: em razão de situações excepcionais (incisos I e II); em razão do objeto (incisos III e VI). Observa-se que são casos em que o chamamento público era possível, mas não era viável devido a situações em que, se fosse observado o chamamento público, o interesse público envolvido poderia ser agredido.

Quando tratar de situações excepcionais em que a dispensa é possível, a Lei nº 13.019/2014 traz duas possibilidades elencadas nos incisos I e II do artigo 30. A dispensa é possível nesses casos, pois a demora do procedimento de chamamento público é incompatível com a urgência na celebração da parceria ou quando a sua celebração puder prejudicar o interesse público.

A primeira delas é no caso de urgência decorrente de paralisação ou iminência de paralisação de atividades de relevante interesse público, pelo prazo de até cento e oitenta dias. A Lei nº 13.204/2015 alterou a redação desse inciso, pois anteriormente essa hipótese de dispensa era muito mais restrita, limitando-se aos casos de urgência decorrente de paralisação ou iminência de paralisação de atividades realizadas no âmbito de uma parceria já celebrada, devendo ser atendida a ordem de classificação do chamamento público, não podendo ser alteradas as condições pactuadas com a organização da sociedade civil que venceu o certame. A restrição também era de ordem temporal, limitando a vigência da nova parceria ao prazo do termo original. Ou seja, observa-se que, mesmo tratando-se de situação de urgência, o legislador colocava hipóteses muito restritas de celebração da nova parceria. A Lei nº 13.204/2015 alterou acertadamente essa hipótese para abranger possibilidades que se adéquem aos casos de urgência.

ANÁLISE DA LEI DE PARCERIAS DAS ORGANIZAÇÕES DA SOCIEDADE CIVIL COM O ESTADO (LEI Nº 13.019/2014)

A segunda situação excepcional é para a celebração de parceria com dispensa de chamamento público nos casos de guerra, calamidade pública, grave perturbação da ordem pública ou ameaça à paz social. Essa hipótese também foi alterada pela Lei nº 13.204/2015, pois antes da alteração a hipótese restringia-se às parcerias com organizações da sociedade civil que desenvolvessem atividades de natureza continuada nas áreas de assistência social, saúde ou educação, que prestassem atendimento direto ao público e que tivessem certificação de entidade beneficente de assistência social. Não é moderado nem eficiente que haja todas essas estipulações em relação às entidades nos casos previstos (guerra, calamidade pública, etc.). Dessa forma, o dispositivo realmente necessitava da alteração.

O Decreto nº 7.257, de 04.08.2010, define o que seria situação de emergência e estado de calamidade pública em seu artigo 2º, incisos III e IV, *in verbis:*

> III – situação de emergência: situação anormal, provocada por desastres, causando danos e prejuízos que impliquem o comprometimento *parcial* da capacidade de resposta do poder público do ente atingido;
>
> IV – estado de calamidade pública: situação anormal, provocada por desastres, causando danos e prejuízos que impliquem o comprometimento *substancial* da capacidade de resposta do poder público do ente atingido;

A dispensa de chamamento público em razão do objeto trata das hipóteses: a) quando se tratar de celebrar parcerias para realização de programa de proteção a pessoas ameaçadas ou em situação que possa comprometer a sua segurança; ou b) quando relacionada a atividades voltadas ou vinculadas a serviços de educação, saúde e assistência social, desde que executadas por organizações da sociedade civil previamente credenciadas pelo órgão gestor da respectiva política.

Quanto à inexigibilidade, o artigo 31 da Lei nº 13.019/2014 traz duas hipóteses exemplificativas em que há inviabilidade de competição entre as organizações da sociedade civil: em razão da natureza singular do objeto da parceria ou se as metas somente puderem ser atingidas por uma entidade específica.

A título de exemplo, a Lei nº 13.019/2014 elenca nos incisos I e II do artigo 31, incluídos pela Lei nº 13.204/2015, a inexigibilidade de chamamento público nos casos em que o objeto da parceria constituir incumbência revista em acordo, ato ou compromisso internacional, no qual sejam indicadas as instituições que utilizarão os recursos; ou quando a parceria decorrer de transferência para organização da sociedade civil na qual seja identificada expressamente a entidade beneficiária, inclusive quando se tratar das subvenções sociais, que são aquelas que se destinem às instituições públicas ou privadas de caráter assistencial ou cultural, sem finalidade lucrativa.

A Lei nº 13.019/2014 indica nesse segundo exemplo de inexigibilidade que a subvenção social deverá obedecer às regras de destinação de recursos públicos para o setor privado previstas no artigo 26 da Lei de Responsabilidade Fiscal (Lei Complementar nº 101/2000). Sendo assim, a destinação de recursos para, direta ou indiretamente, cobrir necessidades de pessoas físicas ou déficits de pessoas jurídicas deverá ser autorizada por lei específica, atender às condições estabelecidas na lei de diretrizes orçamentárias e estar prevista no orçamento ou em seus créditos adicionais.

Nas hipóteses de dispensa e inexigibilidade, a ausência de realização de chamamento público será justificada pelo administrador público.

A Lei prevê a possibilidade de nulidade do ato de formalização da parceria se o administrador público não publicar o extrato da justificativa da dispensa ou inexigibilidade, na mesma data em que for efetivado, em sítio oficial da Administração Pública na internet e, eventualmente, a critério do administrador público, também no meio oficial de publicidade da Administração Pública. Antes da alteração da Lei nº 13.2014/2015, a Lei nº 13.019/2014 determinava que o extrato da justificativa deveria ser publicado pelo menos cinco dias antes da formalização da parceria, sob pena de nulidade.

É admitida impugnação à justificativa, apresentada no prazo de cinco dias a contar da sua publicação, cujo teor deve ser analisado pelo administrador público responsável em até cinco dias da data do respectivo protocolo. Antes da alteração da Lei nº 13.2014/2015, admitia-se a impugnação se fosse antes da celebração da parceria.

Se houver fundamento na impugnação, será revogado o ato que declarou a dispensa ou considerou inexigível o chamamento público. Com a revogação, será imediatamente iniciado o procedimento para a realização do chamamento público.

Todas as hipóteses de celebração de parceria sem chamamento público (dispensa, inexigibilidade e os casos do artigo 29 da Lei nº 13.019/2014) não afastam a aplicação dos demais dispositivos da Lei.

2.5.2.5 Atuação em rede

É permitida a atuação em rede, por duas ou mais organizações da sociedade civil, mantida a integral responsabilidade da organização celebrante do termo de fomento ou de colaboração, desde que a organização da sociedade civil signatária do termo de fomento ou de colaboração possua mais de cinco anos de inscrição no Cadastro Nacional de Pessoa Jurídica e capacidade técnica e operacional para supervisionar e orientar diretamente a atuação da organização que com ela estiver atuando em rede. A atuação em rede permite uma melhor integração entre OSCs grandes e pequenas.

A OSC que assinar o termo de colaboração ou de fomento deverá celebrar termo de atuação em rede para repasse de recursos às não celebrantes, ficando obrigada a, no ato da respectiva formalização: a) verificar, nos termos do regulamento, a regularidade jurídica e fiscal da organização executante e não celebrante do termo de colaboração ou do termo de fomento, devendo comprovar tal verificação na prestação de contas; e b) comunicar à Administração Pública em até sessenta dias a assinatura do termo de atuação em rede.

Não obstante a revogação do artigo 25, I, permanece a necessidade de previsão expressa no instrumento convocatório dessa possibilidade de atuação em rede, aplicando analogicamente o entendimento consagrado para a participação de consórcios empresariais nas licitações e o risco de restrição à competitividade (Lei de Consórcios – Lei nº 11.795/2008). A preocupação com o risco de restrição à competitividade está relacionada ao risco de formação de cartel, que atingiria a competitividade. Dessa forma, aplica-se analogicamente o art. 112, §1º,[30] da Lei nº 8.666/1993, em que precisa haver previsão expressa no edital de licitação da possibilidade de os consórcios públicos participarem.

2.5.3 Fase de execução

A formalização e execução das parcerias do Estado com o Terceiro Setor é um assunto abordado no capítulo III da Lei nº 13.019/2014, relatando-se requisitos para as despesas e liberações de recursos. Nesse capítulo, destacam-se as disposições sobre o monitoramento e avaliação

---

[30] Art. 112, §1º, Lei nº 8.666: Os consórcios públicos poderão realizar licitação da qual, nos termos do edital, decorram contratos administrativos celebrados por órgãos ou entidades dos entes da Federação consorciados.

das parcerias, com a possibilidade de criação de um órgão denominado Comissão de Monitoramento e Avaliação e acompanhamento e gestão das parcerias por plataforma eletrônica.

O artigo 60 determina que, sem prejuízo da fiscalização pela Administração Pública e pelos órgãos de controle, a execução da parceria será acompanhada e fiscalizada pelos conselhos de políticas públicas das áreas correspondentes de atuação existentes em cada esfera de governo.

Os recursos recebidos em decorrência da parceria serão depositados e geridos em conta bancária específica de instituição financeira pública indicada pela Poder Público, podendo ser aplicados em cadernetas de poupança, em fundo de aplicação financeira de curto prazo ou operação de mercado aberto lastreada em títulos da dívida pública. Todos os rendimentos serão obrigatoriamente aplicados no objeto da parceria.

Toda a movimentação de recursos no âmbito da parceria será realizada mediante transferência eletrônica sujeita à identificação do beneficiário final e à obrigatoriedade de depósito em sua conta bancária. Excepcionalmente os pagamentos poderão ser feitos em espécie, observados os requisitos do artigo 54 da lei.

As parcerias deverão ser executadas com estrita observância das cláusulas pactuadas, sendo proibida a utilização dos recursos da parceria para pagamentos de despesas a título de taxa de administração, ou cuja finalidade seja diversa da expressa em plano de trabalho, anterior ou posterior à vigência da parceria; para remuneração de servidores públicos; para pagamento de multas, juros e correção monetária; para publicidade (exceto estritamente vinculada ao objeto da parceria); e para obras de ampliação de estrutura física da entidade. Veda-se também a transferência dos recursos para associações de servidores, clubes, partidos políticos e entidades similares.

É permitida a remuneração de dirigentes e de pessoal diretamente vinculado ao Plano de Trabalho com os valores recebidos, especificando quais valores podem ser incluídos: impostos, contribuições sociais, FGTS, férias, 13º salário, verbas rescisórias e demais encargos sociais. Estes gastos devem ser detalhados no Plano de Trabalho e se relacionar ao objeto do respectivo Termo.

Cabe notar que a Lei nº 13.204/2015 alterou a Lei nº Lei nº 9532/ 1997 para constar que o gozo da imunidade tributária do Imposto de Renda para instituição de educação ou de assistência social que preste os serviços para os quais tenha sido instituída e os coloque à disposição da população em geral, em caráter complementar às atividades do Estado, sem fins lucrativos, tem como requisito não remunerar, por qualquer forma, seus dirigentes pelos serviços prestados, exceto no caso de associações, fundações ou organizações da sociedade civil, sem fins lucrativos, cujos dirigentes poderão ser remunerados, desde que atuem efetivamente na gestão executiva e desde que cumpridos os requisitos previstos nos arts. 3º e 16 da Lei nº 9.790, de 23 de março de 1999, respeitados como limites máximos os valores praticados pelo mercado na região correspondente à sua área de atuação, devendo seu valor ser fixado pelo órgão de deliberação superior da entidade, registrado em ata, com comunicação ao Ministério Público, no caso das fundações.

É permitido o pagamento de custos indiretos em até 15% (quinze por cento) do valor da parceria, desde que previstos no Plano de Trabalho e comprovados. Podem incluir os custos indiretos as despesas de internet, transporte, aluguel e telefone, bem como remunerações de serviços contábeis e de assessoria jurídica, dentre outras previsões da lei.

Há previsão de ampla fiscalização e controle durante a vigência da parceria, com visitas *in loco* e emissão de relatório técnico de monitoramento e avaliação da parceria e submissão à Comissão de Monitoramento e Avaliação designada pela Administração Pública.

2.5.4 Fase de monitoramento e avaliação

Na fase de monitoramento e avaliação tem-se a previsão da Comissão de Monitoramento e Avaliação (órgão colegiado destinado a monitorar e avaliar as parcerias celebradas com organizações da sociedade civil mediante termo de colaboração ou termo de fomento, constituído por ato publicado em meio oficial de comunicação, assegurada a participação de pelo menos um servidor ocupante de cargo efetivo ou emprego permanente do quadro de pessoal da Administração Pública), a possibilidade de a Administração Pública valer-se do apoio técnico de terceiros, delegar competência ou firmar parcerias com órgãos ou entidades que se situem próximos ao local de aplicação dos recursos para verificar o cumprimento do objeto da parceria e a emissão de relatório técnico de monitoramento e avaliação feito pela Administração. Também haverá relatório de visita técnica *in loco* eventualmente realizada durante a execução da parceria.

No caso de parcerias financiadas com recursos de fundos específicos, o monitoramento e a avaliação serão realizados pelos respectivos conselhos gestores.

Ademais, há a previsão de que, sem prejuízo da fiscalização pela Administração Pública e pelos órgãos de controle, a execução da parceria será acompanhada e fiscalizada pelos conselhos de políticas públicas das áreas correspondentes de atuação existentes em cada esfera de governo.

Outra previsão que se encontra nessa fase é a utilização de plataforma eletrônica de acesso publico, com divulgação de todos os documentos importantes da parceria, sendo um importante instrumento de monitoramento e avaliação, além de controle interno e externo, especialmente o controle social.

2.5.5 Fase de prestação de contas

No Capítulo IV, a lei trata da prestação de contas das parcerias, estabelecendo diversas normas gerais e prazos, como o prazo de 90 (noventa) dias para a prestação de contas a partir da vigência da parceria ou final da cada exercício, se a duração da parceria exceder um ano. Esse prazo poderá ser prorrogado por até 30 (trinta) dias, desde que devidamente justificado.

Cabe notar que prescreve em cinco anos, contados a partir da data da apresentação da prestação de contas, a aplicação de penalidade decorrente de infração relacionada à execução da parceria.

Outra flexibilização da Lei nº 13.204 é encontrada no parágrafo 1º do artigo 69, em que há a previsão de que o prazo para a prestação final de contas será estabelecido de acordo com a "complexidade do objeto da parceria".

O planejamento e a transparência são intuitos basilares da lei. Para tanto, há exigência de que a Administração Pública publique nos meios oficiais de divulgação os valores aprovados anualmente para investimento em parcerias, bem como a relação de todas as parcerias celebradas nos últimos cinco anos. Além da transparência da Administração Pública, também há a necessidade da transparência das entidades parceiras, pois é necessário que a entidade publique em seu site todas as parcerias celebradas com o Poder Público.

A lei prevê normas minuciosas de prestação de contas, com a apresentação do Relatório de Execução do Objeto e do Relatório de Execução Financeira. O gestor também tem o dever de emitir parecer técnico de análise de prestação de contas da parceria celebrada.

Há determinação de prazos para a prestação de contas, a análise preliminar da Administração Pública e seu resultado final.

A Organização da Sociedade Civil está obrigada a prestar as contas finais da boa e regular aplicação dos recursos recebidos no prazo de até 90 (noventa) dias a partir do término da vigência da parceria, conforme estabelecido no respectivo instrumento.

Quanto aos prazos de prestação de contas, como já relatado, as organizações da sociedade civil terão o prazo de 90 (noventa) dias para a prestação de contas a partir da vigência da parceria ou do final da cada exercício, se a duração da parceria exceder um ano. Esse prazo poderá ser prorrogado por até 30 (trinta) dias desde que devidamente justificado. Já a Administração Pública deverá apreciar a prestação final de contas apresentada, no prazo de até cento e cinquenta dias, contado da data de seu recebimento ou do cumprimento de diligência por ela determinada, prorrogável justificadamente por igual período.

As prestações de contas serão avaliadas em regulares, quando expressarem, de forma clara e objetiva, o cumprimento dos objetivos e metas estabelecidos no plano de trabalho; regulares com ressalva, quando evidenciarem impropriedade ou qualquer outra falta de natureza formal que não resulte em dano ao erário; ou irregulares, quando comprovada alguma das circunstâncias do artigo 72, III.

2.5.5.1 Revogação do regulamento de compras da OSC

De acordo com a antiga redação do art. 34, inciso VIII, da Lei nº 13.019/2014, a OSC deveria ainda apresentar "regulamento de compras e contratações, próprio ou de terceiro, aprovado pela administração pública celebrante". O mesmo regulamento era exigido pelo art. 43, o qual tratava das contratações realizadas pela OSC. Ocorre que esse artigo também foi revogado integralmente com a edição da Lei nº 13.204/2015.

Essa redação apenas ratificava o que já havia em diversas leis esparsas,[31] defendido pela maioria doutrinária, pelo próprio TCU e pela jurisprudência: a OSC iria estabelecer regulamento de compras

---

[31] Art. 17, Lei das OSs: A organização social fará publicar, no prazo máximo de noventa dias contado da assinatura do contrato de gestão, regulamento próprio contendo os procedimentos que adotará para a contratação de obras e serviços, bem como para compras com emprego de recursos provenientes do Poder Público;
Art. 14, Lei OSCIPs: A organização parceira fará publicar, no prazo máximo de trinta dias, contado da assinatura do Termo de Parceria, regulamento próprio contendo os procedimentos que adotará para a contratação de obras e serviços, bem como para compras com emprego de recursos provenientes do Poder Público, observados os princípios estabelecidos no inciso I do art. 4º desta Lei.

e contratações pautado nos princípios do artigo 37, *caput*, da CF e aprovado pela Administração Pública.

Todavia, os artigos 34, VIII, e 43 da Lei nº 13.019/2014 foram revogados. Logo, pela literalidade da lei, não se exige mais que haja um regulamento próprio para contratação com dinheiro público.

Considerando a redação do artigo 80[32] da Lei nº 13.019, com as modificações da Lei nº 13.204/2015, as compras e contratações poderão ser feitas por meio eletrônico aberto ao público, disponibilizado pela Administração Pública, que permita aos interessados formular propostas. A ideia é boa, mas de pouco valor na prática, pois abre meios de desvios de verbas públicas. Outra crítica diz respeito à falta de tratamento jurídico e procedimental sobre o funcionamento do sistema eletrônico, os prazos, critérios de julgamento, conteúdo, condições de participação, divulgação, julgamento das propostas, entre outras disposições importantes pra compras pela OSC.

2.5.5.2 Falta da publicidade das demonstrações contábeis

Outro aspecto que chama atenção é o fato de que a Lei nº 13.204/15 revogou a alínea "b" do inciso IV, artigo 33 da Lei nº 13.019/14, que obrigava as OSCs interessadas em captar recursos públicos a colocarem em seus estatutos que publicariam, por qualquer meio eficaz, no encerramento do exercício fiscal, o relatório de atividades e demonstrações financeiras da entidade, incluídas as certidões negativas de débitos com a Previdência Social e com o Fundo de Garantia do Tempo de Serviço – FGTS, colocando-os à disposição para exame de qualquer cidadão.

Cabe notar que a lei prevê a priorização do controle de resultados, promovendo o controle estatal com base nos resultados obtidos com os recursos públicos, adequado ao regime de parcerias com as OSCs. Ocorre que a Lei nº 13.019/2014 não ofereceu ferramentas para que as OSCs soubessem como apresentar uma prestação de contas baseada nesse tipo de controle. Dessa forma, apenas prever um instituto

---

[32] Art. 80. O processamento das compras e contratações que envolvam recursos financeiros provenientes de parceria poderá ser efetuado por meio de sistema eletrônico disponibilizado pela administração pública às organizações da sociedade civil, aberto ao público via internet, que permita aos interessados formular propostas. (Redação dada pela Lei nº 13.204, de 2015)

considerado inovador não garante a sua eficiência. Ademais, além dos gestores públicos e os gestores das OSCs saberem prestar contas com base no controle de resultados, os próprios órgãos de controle precisarão se adaptar para exercer controle baseado nos resultados obtidos na parceria.

CAPÍTULO 3

O REGIME JURÍDICO DAS PARCERIAS DO ESTADO COM AS ORGANIZAÇÕES DA SOCIEDADE CIVIL

No capítulo anterior foi possível verificar as disposições gerais da Lei nº 13.019/2014 e os requisitos pré-contratuais, contratuais e pós-contratuais que as OSCs e o Poder Público precisam atender para firmar a parceria.

No presente capítulo, serão averiguadas as especificidades dos instrumentos de formalização das parcerias previstos na lei, com o intuito de analisar as peculiaridades e os aspectos jurídicos relacionados. Segundo José dos Santos Carvalho Filho (2017, p. 186), "o exame do regime jurídico de um instituto reclama a análise de todas as singularidades atribuídas a determinado instituto e, ainda, das normas de regência que recaem sobre as relações jurídicas de que participe".

3.1 Disposições preliminares

O presente capítulo pretende apresentar uma percepção crítica dos instrumentos denominados termo de colaboração, termo de fomento e acordo de cooperação, instrumentos de formalização previstos pela Lei nº 13.019/2014. A intenção é que a análise do regime jurídico dos instrumentos de formalização das parcerias da Administração Pública com as OSCs permitirá um conhecimento adequado das normas atuais sobre tais institutos e o seu tratamento pelo Direito Administrativo atual.

O intuito da formalização de uma parceria do Estado com as OSCs é estabelecer deveres e obrigações aos sujeitos envolvidos, repartindo responsabilidades, estabelecendo metas, determinando resultados e até mesmo a possibilidade de repartir recursos humanos, financeiros e comodato de bens públicos. Sem a formalização a dificuldade em responsabilizar os parceiros é maior, pois não estará claro o que é objeto da parceria e o que é falha e eventual desperdício na utilização do recurso público.

3.1.1 Estudos anteriores à Lei nº 13.019/2014

Estudos anteriores facilitam a compreensão adequada acerca do regime jurídico previsto na Lei nº 13.019 para a consecução das parcerias do Poder Público e as OSCs, visto que trazem resultados dos pesquisadores do tema acerca da necessidade de melhor regulamentação do Terceiro Setor brasileiro. Entre os estudos, serão abordados três no presente item inicial, quais sejam: o anteprojeto de Lei Orgânica da Administração Pública Federal e Entes de Colaboração (BRASIL, 2009b) e os estudos da série Pensando o Direito sobre o anteprojeto de Estatuto Jurídico do Terceiro Setor (ETS) (BRASIL, 2009a) e sobre a Modernização do Sistema de Convênios da Administração Pública com a Sociedade Civil (BRASIL, 2012). Tais estudos podem facilitar a diferenciação e aplicação dos regimes jurídicos das parcerias com as OSCs.

Primeiramente, sobre o denominado "Anteprojeto de Lei Orgânica da Administração Pública Federal e Entes de Colaboração", o então Ministério do Planejamento, Orçamento e Gestão, por meio da Portaria nº 426, de 6 de dezembro de 2007 (alterada pela Portaria nº 84, de 23 de abril de 2008), instituiu comissão de especialistas da comunidade jurídica brasileira, com o objetivo de realizar uma reflexão sobre as limitações, contradições, fragilidades e potencialidades de cada forma de estruturação das atividades de governo e de fomento e parceria com a sociedade civil e identificar elementos para uma nova lei de organização do Poder Executivo Federal. Os resultados da comissão foram entregues em 16 de julho de 2009, com a proposição de uma nova estrutura orgânica para o funcionamento da Administração Pública Federal e das suas relações com entes de colaboração.

O trabalho foi demandado diante da constatação de que havia um esgotamento no modelo atual da Administração Pública que tem gerado dificuldades para a ação estatal ágil e com qualidade no atendimento às demandas sociais e do mercado.

Participaram da comissão os professores Almiro do Couto e Silva, Carlos Ari Sundfeld, Floriano de Azevedo Marques Neto, Paulo

Eduardo Garrido Modesto, Maria Coeli Simões Pires, Sergio de Andréa e Maria Sylvia Zanella Di Pietro, especialistas em Direito Administrativo (BRASIL, 2009b).

O resultado autoral apresentado pelos especialistas do Direito teve o intuito de propor alterações legais para melhorar e inovar as definições das figuras jurídicas estatais e as orientações jurídicas aplicáveis às relações de fomento e parceria do Poder Público com entidades da sociedade civil.

Foram denominadas como "entidades de colaboração" todas as pessoas jurídicas não estatais, sem fins lucrativos, constituídas pela iniciativa privada, para o desempenho de atividades de relevância pública, tal como definidas no anteprojeto (BRASIL, 2009b, p. 17).

O vínculo jurídico de colaboração seria aquele que tem por objeto: a) o fomento, pela entidade estatal, de atividade de relevância pública de iniciativa da entidade não estatal; b) a atribuição, a entidade não estatal, da execução de ação ou programa de iniciativa estatal, de relevância pública, mediante contrapartidas da entidade estatal; e c) a execução conjunta, por entidade estatal e entidade não estatal, de atividade de relevância pública.

Cabe notar que o contrato público de colaboração não poderia: a) contemplar atividade que não seja de relevância pública; b) importar a delegação das funções de regulação, do exercício do poder de polícia ou de outras atividades exclusivas do Estado; e c) destinar-se ao simples fornecimento, pela entidade não estatal, de mão de obra, serviço ou bens necessários à execução de atividade pela própria entidade estatal, salvo na hipótese em que a entidade privada, nacional ou estrangeira, fomente o exercício de atividades de relevância pública exercida por entidade estatal, sem receber desta qualquer benefício ou contrapartida. Segundo a exposição de motivos do anteprojeto (2009b, p. 18) o intuito era vedar desvios, com a utilização de entidades ditas de apoio apenas para gerir recursos públicos, sem outro objetivo que não o de fugir aos controles típicos das entidades estatais.

As contribuições do Anteprojeto de Lei Orgânica da Administração Pública Federal e Entes de Colaboração, apesar de não vir a ter vigência, foram importantes para auxiliar nos estudos sobre as parcerias com as OSCs, propor e uniformizar o vínculo jurídico com os denominados "entes de colaboração", propor um novo instrumento para a consecução de atividades de relevância pública e propor vedações importantes capazes de impor a moralidade e evitar desvios nos vínculos jurídicos de colaboração.

Outros dois estudos chamam atenção para a análise do tema, quais sejam, as pesquisas da série Pensando o Direito sobre o anteprojeto de Estatuto Jurídico do Terceiro Setor (ETS) (BRASIL, 2009a) e sobre a Modernização do Sistema de Convênios da Administração Pública com a Sociedade Civil (BRASIL, 2012), visto que são estudos importantes para o desenvolvimento do estudo das parcerias com o Terceiro Setor no Direito brasileiro.

No ano de 2009, concluiu-se o projeto "Estatuto Jurídico do Terceiro Setor: pertinência, conteúdo e possibilidades de configuração normativa", integrante do "Projeto Pensando o Direito", promovido pela Secretaria de Assuntos Legislativos do Ministério da Justiça, em parceria com o Programa das Nações Unidas para o Desenvolvimento, desenvolvido pelo Instituto Pro Bono durante os meses de julho de 2008 e março de 2009.

O Relatório Final foi apresentado pelo Instituto Pro Bono (sob coordenação geral do Prof. Dr. Gustavo Justino de Oliveira) à Secretaria de Assuntos Legislativos do Ministério da Justiça, tendo por referência o cronograma estabelecido no projeto (PROJETO BRA/07/004 – Democratização de Informações no Processo de Elaboração Normativa) desenvolvido em parceria com o Programa das Nações Unidas para o Desenvolvimento.

A pesquisa possuiu duas fases: a nacional e a internacional. A fase nacional foi conduzida por Ana Carolina Bittencourt Morais e João Pedro Pereira Brandão, auxiliados por Edinaldo Coelho, Rodrigo Alessandro Parreira e supervisionados pelo Coordenador do Projeto, Prof. Gustavo Justino de Oliveira. Em trabalho conjunto os pesquisadores finalizaram as atividades referentes à fase nacional do projeto de pesquisa. A fase internacional da pesquisa contou com a inclusão dos seguintes pesquisadores voluntários: Janaína Schoenmaker, Natasha Schmitt Caccia Salinas, Rodrigo Pagani de Souza e Ana Carolina Lara. Os pesquisadores fizeram um trabalho de comparação entre as legislações de Terceiro Setor dos seguintes países: Estados Unidos, Inglaterra, França, Espanha, Itália e União Europeia.

Com o levantamento e pesquisa da fase nacional e internacional, além das demais atividades, foi apresentada uma minuta de Anteprojeto de Lei, disciplinando o conteúdo de um pertinente e necessário Estatuto Jurídico para o Terceiro Setor.

Na exposição de motivos do anteprojeto (BRASIL, 2009a, p. 19) o Terceiro Setor é tido como "o resultado da combinação do exercício da cidadania com a efetiva participação dos cidadãos – individual

O REGIME JURÍDICO DAS PARCERIAS DO ESTADO COM AS ORGANIZAÇÕES DA SOCIEDADE CIVIL

ou associativa – nos assuntos de interesse da sociedade, sempre com fundamento na busca pela solidariedade entre os indivíduos".

Em nota explicativa do artigo primeiro, o Estatuto do Terceiro Setor – ETS (G. H. J. OLIVEIRA (Coord.). 2009, p. 22) – relata que:

> (...) a legislação brasileira do Terceiro Setor é esparsa e difusa, fato que acarreta controvérsias e contradições no plano da aplicação e interpretação dessas leis. O ETS por meio do elenco de diretrizes, princípios e fins do Terceiro Setor, além de estipular direitos e deveres das entidades do Terceiro Setor, procura uniformizar a legislação preexistente. Dessa forma, pretende-se conferir harmonia e homogeneidade à legislação preexistente, pois esta passa a ser interpretada a partir dos parâmetros aqui indicados, conferindo identidade e expressando melhor a importância do Terceiro Setor no Brasil, no entanto, na exposição de motivos (p. 19) relatam que o ETS não deveria "ser assimilado como único diploma legislativo a disciplinar o Terceiro Setor, mas como o principal diploma legislativo, o qual, por suas características aglutinadoras e principiológicas, passa a representar o núcleo central do marco regulatório do Terceiro Setor no país.

A proposta de ETS traz a definição de Terceiro Setor no seu artigo 2º:

> Art. 2º Para os fins previstos nesta Lei, considera-se Terceiro Setor o conjunto de pessoas jurídicas de direito privado, de caráter voluntário e sem fins lucrativos, que:
>
> I – desenvolvam atividades de promoção e defesa de direitos, principalmente os coletivos e difusos;
>
> II – realizem atividades de interesse público, assistência social ou utilidade pública, nos termos definidos em lei; ou
>
> III – prestem serviços sociais diretamente à população, em caráter complementar ou suplementar aos serviços prestados pelo Estado.[33]

---

[33] Em nota explicativa (BRASIL. 2009a, p. 23) há a justificativa do conceito utilizado: "O conceito de Terceiro Setor não é unívoco na doutrina brasileira (cf. MÂNICA, Fernando Borges. Panorama histórico-legislativo do Terceiro Setor no Brasil: do conceito de Terceiro Setor à Lei das OSCIP. *In*: OLIVEIRA, Gustavo Justino de. *Terceiro Setor, empresas e Estado*: novas fronteiras entre o público e o privado. BH: Fórum, 2007. p. 163-194). A despeito disso, para a boa aplicação do ETS, importa estabelecer um conceito normativo de Terceiro Setor. O conceito ora proposto encontra-se alinhado com os elementos conceituais e classificação do Terceiro Setor, propostos pela Divisão de Estatísticas da Organização das Nações Unidas-ONU e pela Universidade John Hopkins, expressados no Manual sobre Instituições sem fins lucrativos no Sistema de Contas Nacionais (2002) e na Classificação dos Objetivos das Instituições sem Fins Lucrativos ao Serviço das Famílias-COPNI.

O projeto de ETS traz mecanismos que facilitam a atividade das entidades do Terceiro Setor que ainda estão confusas ou ausentes na legislação atual (Lei nº 13.019), como exemplo, o ETS traz: a) regramento dos contratos de trabalho da equipe; b) regras sobre o termo de compromisso de estagiários; c) regras para o voluntariado em entidades do Terceiro Setor; d) disposições sobre contratos de prestação de serviços para entidades do Terceiro Setor; e) tributação facilitada às entidades do Terceiro Setor; f) controle interno e externo das parcerias realizadas, abrangendo neste o importante controle social; g) disposições acerca de uma Política Nacional para o Desenvolvimento do Terceiro Setor e do Conselho Nacional do Terceiro Setor; h) Cadastro Nacional das Entidades do Terceiro Setor; e i) Fundo Nacional para o Desenvolvimento do Terceiro Setor. Todos esses pontos são ideias importantes e inovadoras para as OSCs.

No que tange às parcerias, o anteprojeto de ETS traz um título denominado "das parcerias do Terceiro Setor com o Estado, as empresas e a sociedade civil", tendo um conceito amplo de parceria ("o conjunto de acordos, alianças e convenções múltiplas, firmado entre dois ou mais entes, visando a realização de objetivos de interesse comum, em regime de confiança recíproca e colaboração mútua") e deixando espaço para a regulamentação dos procedimentos de controle, fiscalização e prestação de contas a serem adotados, devendo estar estabelecidos em um instrumento de formalização por escrito. As parcerias, para o ETS, devem ser formalizadas por contrato privado ou público, dependendo do objeto do ajuste, e não envolvem a prestação de serviços ou fornecimento de bens remunerados entre os parceiros, razão pela qual merecem receber tratamento normativo diferenciado no ETS.

É possível notar que, apesar de não ter entrado em vigor, a proposta de ETS auxiliou os estudiosos sobre o tema a encontrarem demandas legislativas fundamentais sobre o assunto, além de novidades importantes para a evolução do tratamento jurídico do Terceiro Setor.

Com relação ao estudo sobre a Modernização do sistema de convênio da Administração Pública com a sociedade civil (BRASIL, 2012), algumas sugestões importantes também são encontradas,

---

É uma tentativa de tornar o conceito de Terceiro Setor mais homogêneo, naqueles países que o adotam. Ademais disso, o IBGE vem adotando essa metodologia na divulgação de estatísticas sobre o Terceiro Setor no Brasil (BRASIL. As fundações privadas e associações sem fins lucrativos no Brasil 2005 /IBGE, Rio de Janeiro: IBGE, 2008). Obviamente, o conceito normativo proposto encontra-se harmonizado com a Constituição de 1988 e com a tradição histórico-legislativa do Terceiro Setor no Brasil".

como a criação e alimentação constante de bancos de indicadores, aproveitáveis ou não do setor privado, e a implementação das políticas públicas com indicadores financeiros e não financeiros, em respeito às particularidades regionais e sociais (BRASIL, 2012, p. 91) de forma a reduzir a simplificação dos controles relacionados à forma ou método de execução de todas as espécies de convênios e instrumentos de cooperação, priorizando-se o acompanhamento de indicadores de resultados e vetores de desempenho, com foco na qualidade das entregas.

O estudo propõe a divisão taxonômica e clara dos instrumentos de convênios com a sociedade civil em categorias distintas em forma, direitos e obrigações, de maneira proporcional e razoável (2012, p. 93 e ss.), que abarquem: (i) a prestação de serviços de relevância pública para a execução de políticas parametrizadas previamente pelo Estado; (ii) a participação da sociedade civil nos processos de desenvolvimento e experimentação de políticas de interesse; e (iii) o fomento a atividades comunitárias e/ou associativas de interesse público que atuem em atendimento ao objetivo constitucional de redução das desigualdades.

No estudo, foram previstos três tipos de instrumentos (2012, p. 95 e 96) que preveem tipos específicos de relações formalizadas por esses instrumentos, distintas entre si e que merecem tratamento próprio, proporcionais e razoáveis, adequado às suas características.

O primeiro tipo era caracterizado essencialmente por se tratar de uma parceria em programa federal, para fins de implementação de política pública. No primeiro tipo, o objeto da parceria envolvia a prestação de serviços de responsabilidade do Estado e cuja classificação, método e custo seriam previamente conhecidos e padronizados pelos órgãos públicos responsáveis pela política pública – normalmente serviços de natureza continuada. A prestação de contas desse primeiro tipo de parceria seria baseada no atingimento das metas da execução, paga pelo valor de custo previamente estabelecido – não comprovação fiscal de cada uma das despesas. Ou seja, um controle de resultados e não fiscal, a princípio.

O segundo tipo de parceria proposta pelo estudo tem como principal característica a participação das entidades da sociedade civil no processo de formulação e desenvolvimento de política pública. Esse segundo tipo, muitas vezes, ocorrerá em caráter experimental, para fins de inovação e aquisição conjunta de conhecimento entre Estado e sociedade, em área em que não há classificação, método ou custo previamente estabelecido – normalmente projetos de natureza inédita ou não continuada. Se estruturadas, tendem a migrar para o item anterior. O estudo propõe para esse segundo tipo que prestações de contas prevejam a necessidade de comprovar os gastos incorridos de acordo com o orçamento estabelecido, focado na aquisição conjunta de conhecimento sobre o processo de formulação dos serviços e respectivos custos.

O terceiro tipo de instrumento de parceria é caracterizado pelo apoio ou fomento à manutenção de entidades e organizações comunitárias de interesse público, normalmente constituídas na forma de associação e que atuam em atendimento ao objetivo constitucional de redução das desigualdades. O enfoque é no apoio às atividades da entidade, relacionadas ao seu objeto social e importância da ação desenvolvida na área social e região de atuação. Neste caso, considerando que não se trata de um projeto específico, a proposta do estudo é que deve envolver verbas de menor valor, cujas prestações de contas seriam baseadas nas demonstrações contábeis e relatórios de atividades indicando a origem e a aplicação dos recursos de acordo com o Estatuto Social, ou plano de trabalho referencial.

A divisão proposta pretendia dividir os instrumentos de formalização em relação ao objeto preponderante, à participação da entidade no projeto e ao objetivo da parceria.

Trazendo um paralelo com a Lei nº 13.019/2014, é possível dizer que o legislador pretendia abordar três tipos de instrumentos diferentes (termo de colaboração, termo de fomento e acordo de cooperação), mas, conforme será visto a seguir (itens 3.2 e 3.2.1), não há características específicas previstas em cada instrumento de formalização para adequá-los às situações específicas, visto que a lei apenas os diferencia com relação ao ente proponente (OSCs ou ente federado) ou se envolve ou não repasse de verba pública.

3.1.2 Regime jurídico contratual das parcerias com o Terceiro Setor

As parcerias com o Terceiro Setor são firmadas por diversos instrumentos jurídicos ao longo dos anos, tais como convênio, contrato de repasse, termo de parceria, contrato de gestão e, recentemente, termo de colaboração, termo de fomento e contrato de colaboração. Apesar das diversas denominações, é possível verificar semelhança entre os instrumentos, pois são sinalagmáticos e almejam a execução de um objeto de interesse público.

Fernando Dias Menezes de Almeida, em seu livro "Contrato Administrativo" (2012, p. 235), enquadrou as parcerias com o Terceiro Setor nos "módulos convencionais do contrato administrativo", no sentido jurídico-estrutural de contrato. Os módulos convencionais abrangem casos em que uma nova situação jurídica é criada através de um acordo de vontade entre as partes e casos em que a Administração Pública teria poder unilateral de decisão para criar uma nova situação jurídica, que não depende de um acordo de vontades, mas decide substituir o exercício desse poder por um acordo de vontades (MENEZES DE ALMEIDA, 2012, p. 237 e 238).

Para a criação de uma situação jurídica abrangem a diferenciação dos módulos convencionais, que são subdivididos em três espécies, quais sejam (Menezes de Almeida, 2012, p. 236 e ss.):

> a) os módulos de cooperação (como convênios, consórcios administrativos, contrato de repasse, termo de parceria com OSCIPs, contrato de gestão com OS etc.); (b) os módulos de concessão (abrangendo as concessões comum, patrocinada e administrativa, a permissão de serviços públicos, a concessão de uso ou exploração de bens públicos, a concessão urbanística etc.) e (c) os módulos instrumentais (incluindo contratos de obras, serviços, compras, alienações, locações, arrendamento, superfície, seguro, financiamento, uso de serviço público, trabalho etc.).

As parcerias com o Terceiro Setor inserem-se no conceito de "módulos de cooperação", nos quais uma nova situação jurídica é criada, necessariamente a partir de acordo de vontade. Assim, é possível observar que nos instrumentos de formalização das parcerias há entre a OSCs e o Poder Público uma deliberação e consenso, não havendo imposição unilateral do ente estatal para que seja firmada a parceria. Dessa forma, estão inseridos nos casos.

É elemento essencial da figura do módulo convencional de cooperação a identidade de fins a que visam os parceiros, de modo a não se identificar situação de prestações contrapostas (MENEZES DE ALMEIDA, 2012, p. 241). Dessa forma, os entes parceiros devem ter objetivos em comum no que se refere à concretização do objeto da parceria.

As parcerias com o Terceiro Setor têm as características necessárias a um instrumento sinalagmático de formalização de um dever. O Estado, ao realizar uma parceria com OSCs, está oferecendo dinheiro em troca de um serviço que deverá ser realizado pela entidade. Dessa forma, assim como exposto por Carlos Ari Sundfeld e Rodrigo Pagani de

Souza (2013, p. 43), a despeito das denominações diversas, são vínculos verdadeiramente contratuais e, como tais, merecem o correspondente tratamento jurídico.

Algumas das parcerias com o Terceiro Setor deixam claro sua natureza pela sua própria denominação, como, por exemplo, os contratos de gestão e os contratos de repasse. A não utilização da palavra "contrato" pode se dar por diversos motivos, como a necessidade do legislador em diferenciar instrumentos (que na sua essência são similares), a complicação desnecessária para aplicação de peculiaridades para um novo instrumento ou a fuga de regimes mais difíceis, como o previsto da Lei nº 8.666/1993.[34] Essa tendência de fuga poderá ser verificada no futuro em relação ao regime jurídico da Lei nº 13.019/2014.

As parcerias atualmente são feitas a partir de um acordo de vontades em que há prestações e contraprestações, envolvem recurso financeiro e são sinalagmáticas. São instrumentos de fomento à realização de valores importantes à sociedade moderna, com a concretização de finalidades de interesse público e muitas vezes substituindo o ente estatal.

As parcerias com o Terceiro Setor, diante dessas características, passaram a ser alvo de cuidado semelhante ao dado a outros vínculos jurídicos com a Administração Pública instrumentalizados por contrato e tornaram-se objeto de atenção dos órgãos de controle, como os Tribunais de Contas, Controladorias e Comissões Parlamentares de Inquérito durante a primeira década do século XXI (SUNDFELD, C. A.; SOUZA, R. 2013, p. 44). Diante disso, verificam-se as características de contrato dessas parcerias.

Para Carlos Ari Sundfeld e Rodrigo Pagani de Souza (2013, p. 45), os administradores públicos evitavam chamar as parcerias com o Terceiro Setor de "contratos" e sim de "convênios" ou algo semelhante para não levantar suspeitas de atração do inadequado regime licitatório. Espera-se que o mesmo não ocorra com o regime jurídico previsto na Lei nº 13.019/2014, no entanto, há indícios de fuga da aplicação da nova legislação (item 4.1.2.2).

O fenômeno da contratualização das parcerias traz um risco apresentado pelos autores (2013, p. 46), que é a exigência de que

---

[34] Segundo Sundfeld e Souza (2013, p. 44), a não utilização do termo contrato para as parcerias com o Terceiro Setor seria por dois motivos: a) inércia da tradição no uso de expressões correntes no âmbito jurídico; ou b) a necessidade gerencial de fuga do regime licitatório ditado pela defasada Lei nº 8.666/93.

entidades do Terceiro Setor reproduzam comportamentos de Estado, "como se seus contratos com o Estado fossem pactos de importância menor, suas ações fossem mera extensão da atividade estatal, os recursos que lhes são dados estivessem sempre gravados como estatais, seus agentes fossem, na verdade, funcionários públicos". Na prática, seria como se as Organizações da Sociedade Civil fossem desprovidas da liberdade que o mundo privado e a Constituição asseguram.

Um caminho apontado pelos autores (2013, p. 47) é "reconhecer as entidades do Terceiro Setor como inequivocamente privadas, sujeitas ao direito privado, sem equiparações desarrazoadas de seu regime com o regime de direito público", além disso, os ajustes com o Poder Público devem ser tratados como contratos que são, os quais deveriam ser antecedidos por procedimento adequado assegurador de igualdade de oportunidades aos interessados em firmá-los. Acredita-se que o procedimento previsto pela Lei nº 13.019/2014 veio para suprir tais demandas. No entanto, em uma visão mais crítica, o novo regime jurídico ainda não conseguiu superar o modelo anterior, tanto por ser uma lei extensa de difícil aplicação quanto pela dificuldade de se implementar o chamamento público e os novos instrumentos.

3.1.3 Autonomia para legislar dos entes federados

A Lei nº 13.019/2014 pretende instituir normas gerais para as parcerias entre a Administração Pública e OSCs, formalizadas através de termos de colaboração, em termos de fomento ou em acordos de cooperação. A Constituição Federal em seu artigo 24, XXVII, determinou a competência privativa da União para legislar sobre "normas gerais de licitações e contratação, em todas as modalidades, para as administrações públicas diretas, autárquicas e fundacionais da União, Estados, Distrito Federal e Municípios (...)".

Nem todas as normas devem ser consideradas gerais apenas por estarem expressas em um diploma legal expedido no âmbito da competência privativa da União (art. 22, CF), como a expedição de normas gerais sobre contratação pública em todas suas modalidades (XXVII).

Ademais, alguns dos assuntos que a lei abrange estão no âmbito da competência legislativa concorrente (art. 24, CF), como Direito Financeiro e Econômico (inc. I), orçamento (inc. II), além de legislar concorrentemente sobre educação, cultura, ensino, desporto, ciência, tecnologia, pesquisa, desenvolvimento e inovação (inc. IX), matérias presentes nas finalidades das OSCS. No âmbito da legislação concorrente, a União deve se liminar a editar normas gerais (o intuito da Lei nº 13.019/2014 cumpre essa função).

A competência da União para legislar sobre normas gerais não exclui a competência suplementar dos Estados e, na inexistência da lei geral federal sobre o assunto, os Estados exercerão a competência legislativa plena, para atender a suas peculiaridades.[35] Cabe notar que a Constituição Federal determinou no artigo 30 que os Municípios têm competência para legislar sobre assuntos de interesse local e também têm competência suplementar a legislação federal e a estadual no que couber.

A lei é regulamentada pelos entes através de decreto regulamentador, que possui força normativa. O decreto regulamentador é previsto originariamente no artigo 84, IV, da Constituição Federal de 1988, que permite ao Chefe do Executivo expedir decretos e regulamentos para a fiel execução da lei e tal norma é repetida nas Constituições Estaduais e Leis Orgânicas do DF e Municípios como uma das atribuições dos respectivos Chefes do Poder Executivo (governadores ou prefeitos).

Assim, as diferenças precípuas entre lei e decreto regulamentador, resumidamente, são: o decreto não passará por um processo legislativo e tem menos força normativa do que uma lei, pois ele é elaborado e assinado pelo Chefe do Poder Executivo (não havendo discussão e aprovação pelos membros do Congresso Nacional, Assembleia Legislativa ou Câmara Municipal), e o artigo 5º, III, da CF determina que ninguém será obrigado a fazer ou deixar de fazer alguma coisa senão em virtude de lei (o decreto, portanto, não poderá obrigar as pessoas e deverá respeitar o disposto na lei que está regulamentando, não podendo criar novas normas nem dispor contrariamente das vigentes). Observa-se que publicar uma lei nos entes federados que trate de modo diferenciado sobre o mesmo assunto poderá ser inconstitucional por invadir as competências da União previstas na CF.

No entanto, não são todas as normas que são consideradas gerais apenas por terem sido editadas pelo Congresso Nacional, como já explicado em artigo publicado (MARRARA, T.; CESÁRIO; 2017, p. 101), por três motivos: 1) há necessidade de que o legislador deseje editar

---

[35] Nesse caso hipotético, caso seja expedida norma geral estadual sobre o assunto, a superveniência de lei federal sobre normas gerais suspenderá a eficácia da lei estadual, no que lhe for contrário (art. 24, §4º, CF).

normas aplicáveis a todos os entes federativos; 2) a norma deve ter conteúdo geral, ou seja, abster-se de entrar em detalhes operacionais que acabem por destruir o espaço de acomodação dos entes subnacionais e a flexibilidade típica e necessária do federalismo, raiz da própria ideia de competência concorrente do art. 24; e 3) é preciso que as normas do Congresso não interfiram na utilização de recursos dos Estados e Municípios, a não ser que a Constituição assim o determine, como ocorre em certos campos sociais, mas não se vislumbra para fins de fomento.

Em um artigo em coautoria com Thiago Marrara (2017, p. 101 e ss.) apontamos motivos centrais pelos quais a Lei nº 13.019/2014 não esvaziou o Poder Legislativo estadual e municipal para cuidar de suas parcerias com o Terceiro Setor.

O primeiro motivo é que, para uma norma ser considerada geral em termos federativos, não basta que ela se direcione a todos os entes federados. É imprescindível que, além de geral em sentido subjetivo, ela se destine a construir a normatividade básica sobre determinado assunto, a padronização jurídica comum mínima que assegure o bom funcionamento e a articulação do Estado federado em todos os níveis políticos e a despeito das fronteiras internas. Uma lei nacional, como é a Lei nº 13.019/2014, não pode esgotar o espaço dos Estados e Municípios para legislar sobre a matéria e nem se ater a especificidades sobre o tratamento de determinado assunto, pois a "superlegalização" pode interferir na atuação normativa dos outros entes federados. A norma geral deve deixar espaço para o detalhamento normativo dos entes federados para um funcionamento favorável da unidade político-jurídica, garantindo a autonomia de todos. Devem ser respeitadas as características culturais, econômicas, sociais e políticas de cada ente estadual e municipal, além das especificidades setoriais e de cada OSCs das diversas regiões do país. Para os autores (2017, p. 102):

> A garantia da margem de detalhamento é o que torna a norma geral permeável aos anseios de cada comunidade política subnacional, daí ser ela fundamental para que certa política pública se dinamize e não se enrijeça a ponto de perder sua utilidade em determinada parte do território nacional por falta de aderência à realidade ou às concepções dos agrupamentos populacionais que sustentam o Estado.

Sendo assim, a Lei nº 13.019/2014, por ser abrangente, deve permitir a margem de detalhamento dos Estados e Municípios para que o conteúdo normativo seja adaptado às realidades estaduais e locais "por meio de calibragens capazes de dar vida e efetividade às diretrizes nacionais de fomento dentro da realidade de cada ente político infranacional" (2017, p. 102).

O segundo motivo seria que a Lei nº 13.019/2014 representa o exercício da competência da União em tratar sobre as parcerias com o Terceiro Setor, mas o exercício dessa competência não deixa imune as normas contidas neste diploma normativo de eventuais acusações de inconstitucionalidade. Ao exercer a competência legislativa, as normas expedidas pelos legisladores podem exceder de modo exacerbado o espaço deixado para o federalismo. Essa possibilidade já foi alvo de discussão no Supremo Tribunal Federal, que teve como objeto a Lei nº 8.666, na ADI nº 927, em que o Pleno do STF suspendeu a eficácia do art. 17, I, "b", da Lei de Licitação no que tange aos Estados, Municípios e Distrito Federal, perdurando os efeitos da decisão até os dias atuais. Tal decisão baseou-se no fato de que tais entes federativos são autônomos e possuem competência para legislar sobre licitação, eis que o inc. XXI do art. 37 da CF estabelece que o procedimento será regulado nos termos de lei, e o art. 118, da Lei nº 8.666/93, confere a possibilidade de estes entes editarem lei licitatória própria.

Dessa forma, é possível que alguns dispositivos da Lei nº 13.019/2014 se revelem abusivos ao longo do tempo, por serem indevidamente minuciosos, avessos à flexibilidade federativa, invasivos da política de fomento e de relações dos Estados e Municípios com o Terceiro Setor em suas esferas (2017, p. 102 e 103).

3.2 Quais são atualmente os instrumentos de formalização das parcerias do Estado com o Terceiro Setor?

Anteriormente, os instrumentos para formalização das parcerias entre Estado e Terceiro Setor eram, em suma, os convênios, os contratos de repasse, os termos de parceria, os contratos de gestão e os contratos administrativos em geral. Com o surgimento da Lei nº 13.019/2014, foram criadas novas normas para as parcerias voluntárias, envolvendo ou não transferências de recursos financeiros entre o Poder Público e OSCs, para a consecução de finalidades de interesse público.

Assim, foram criados três novos instrumentos de parceria do Estado com o Terceiro Setor que serão estudados a seguir: termo de colaboração, termo de fomento e acordo de cooperação.

Dessa forma, a partir da vigência da lei, em janeiro de 2016 (2017 para os Municípios), os instrumentos de parceria do Estado com o Terceiro Setor, tirando outros instrumentos setoriais específicos, podem ser resumidos no seguinte: contratos administrativos; contratos de repasse; convênios com entidades filantrópicas na área da saúde complementar nos termos do artigo 199, §1º, da CF; contratos de gestão, celebrados com entidades qualificadas como Organizações Sociais, nos termos da Lei Federal nº 9.637/98; termos de parceria, celebrados com entidades qualificadas como Organizações da Sociedade Civil de Interesse Público (OSCIP), nos termos da Lei Federal nº 9.790/99; termos de colaboração, termos fomento e acordo de cooperação, celebrados entre o Estado e as Organizações da Sociedade Civil em geral, nos termos da nova Lei nº 13.019/14.

Os contratos são acordo de vontades para um acordo recíproco de vontades. Os contratos administrativos podem ser diferenciados do amplo conceito dos contratos da Administração, pois naqueles o contratante precisará se submeter a um regime jurídico de direito público e às disposições contidas na Lei nº 8.666/93, com a presença de cláusulas exorbitantes que permitem ao Poder Público a alteração unilateral do contrato administrativo; a rescisão unilateral do contrato administrativo; a fiscalização da execução do objeto contratado; a aplicação de penalidades; a retomada do objeto; permitindo, ainda, restrições ao uso do princípio da *exceptio non adimpleti contractus* (exceção do contrato não cumprido), pois a Administração Pública poderá exigir que o outro contratante cumpra a sua parte no contrato sem que ela própria tenha cumprido a sua.

Os contratos de repasse têm sua definição no artigo 1º, §1º, II, do Decreto nº 6.170/2007, sendo o "instrumento administrativo, de interesse recíproco, por meio do qual a transferência dos recursos financeiros se processa por intermédio de instituição ou agente financeiro público federal, que atua como mandatário da União". Segundo Natasha Salinas (2008, p. 99), os contratos de repasse servem para "solucionar as deficiências dos convênios no tocante ao que se denomina controle concomitante das transferências voluntárias, caracterizado pelo órgão repassador no acompanhamento da execução do projeto vinculado ao programa orçamentário".

Os contratos de repasse são os mais utilizados hoje em dia, pois são mais de 60% dos instrumentos firmados pelo Poder Público Federal,[36] mas não fogem do regime jurídico convenial, não havendo

---

[36] Disponível em: http://www.transferenciasabertas.planejamento.gov.br/. Acesso em: 8 nov. 2017.

grandes diferenças na disciplina legal entre os instrumentos de convênio e contrato de repasse, sendo que em ambos os casos, tal como abordado por Natasha Salinas (2008, p. 99), "o impulso legislativo e os objetos normativos de ambos os instrumentos (...) aproximam-se muito mais do órgão concedente, repassador dos recursos, do que das entidades convenentes, em especial naquelas pertencentes ao setor privado sem fins lucrativos". A autora ainda define que o contrato de repasse (2008, p. 99) "nada mais é que um convênio administrado por um mandatário da União, que detém melhores condições de acompanhar a execução dos projetos especialmente em razão da proximidade física e capacitação técnica na área financeira".

Em relação aos convênios, abordados a seguir, muito se discutiu anteriormente sobre as alterações da Lei nº 13.204/2015, pois não era previsto na Lei nº 13.019/2014 o tratamento constitucional dos convênios (art. 199, §1º, CF), que determina que "as instituições privadas poderão participar de forma complementar do sistema único de saúde, segundo diretrizes deste, mediante contrato de direito público ou convênio, tendo preferência as entidades filantrópicas e as sem fins lucrativos". Uma lei federal não poderia dispor contrariamente à Constituição Federal. Com a alteração da lei de 2015, foi prevista expressamente a inaplicabilidade da Lei nº 13.019/2014 para os convênios firmados com instituições privadas que participam de forma complementar na área da saúde.

O contrato de gestão, criado pela Lei nº 9.637/98, é o instrumento firmado entre o Poder Público e a entidade qualificada como organização social, com vistas à formação de parceria entre as partes para fomento e execução de atividades relativas às áreas de ensino, à pesquisa científica, ao desenvolvimento tecnológico, à proteção e preservação do meio ambiente, à cultura e à saúde. A OS é qualificada a partir de um ato discricionário, baseado na conveniência e oportunidade e analisado pelo Ministro ou titular de órgão supervisor ou regulador da área de atividade correspondente ao seu objeto social.

O termo de parceria, criado pela Lei nº 9.790/99, é o instrumento passível de ser firmado entre o Poder Público e as entidades qualificadas como Organizações da Sociedade Civil de Interesse Público destinado à formação de vínculo de cooperação entre as partes, para o fomento e a execução das atividades de interesse público. O principal articulador para a elaboração da lei das OSCIps foi o Conselho da Comunidade Solidária, instituído pelo Decreto nº 2.999/99, com a finalidade de promover o diálogo político e parcerias entre governo e sociedade para o enfrentamento da pobreza e da exclusão, por intermédio de iniciativas inovadoras de desenvolvimento social. A qualificação como OSCIP é feita a partir de um ato vinculado, ou seja, caso cumpridos os requisitos da lei, a entidade será qualificada como OSCIP.

Os instrumentos de formalização previstos pela Lei nº 13.019/2014 são:

a) termo de colaboração: instrumento por meio do qual são formalizadas as parcerias estabelecidas pela Administração Pública com organizações da sociedade civil para a consecução de finalidades de interesse público e recíproco propostas pela Administração Pública que envolvam a transferência de recursos financeiros;

b) termo de fomento: instrumento por meio do qual são formalizadas as parcerias estabelecidas pela Administração Pública com organizações da sociedade civil para a consecução de finalidades de interesse público e recíproco propostas pelas organizações da sociedade civil, que envolvam a transferência de recursos financeiros; e

c) acordo de cooperação: instrumento por meio do qual são formalizadas as parcerias estabelecidas pela Administração Pública com organizações da sociedade civil para a consecução de finalidades de interesse público e recíproco que não envolvam a transferência de recursos financeiros;

Não há grandes diferenças em relação aos termos de fomento e de colaboração, pois são instrumentos de parcerias do Estado com as Organizações da Sociedade Civil que envolvem a transferência de recursos públicos, sendo que no termo de colaboração as propostas são feitas pela Administração Pública e nos termos de fomento as propostas são feitas pelas OSCs.São diversos os desafios que a comunidade jurídica deverá enfrentar com as inovações trazidas pela Lei nº 13.019/2014, pois é necessário um tempo para adaptação e consenso das interpretações da lei e sua aplicação nos casos concretos.

3.2.1 Terminologia dos instrumentos previstos na Lei nº 13.019/2014

Acredita-se que o intuito do legislador era diferenciar o regime jurídico dos três instrumentos jurídicos. Dessa forma, o vínculo pelo termo de colaboração seria para as atividades de relevância pública cuja necessidade fosse detectada pelo Estado para a efetivação de políticas públicas. Já os termos de fomento seriam para a necessidade detectada pelas próprias OSCs para atividades que desempenhassem e que pudessem colaborar com a sociedade. Por fim, os acordos de cooperação seriam para as parcerias que não envolvessem recursos financeiros.

Para o termo de colaboração, o planejamento estatal será feito previamente, no próprio chamamento público. No termo do fomento, o planejamento será feito a partir de uma proposta feita pela OSCs, que poderá ser pelo Procedimento de Manifestação de Interesse Social (PMIS). Caso sejam cumpridos os requisitos para o PMIS, a Administração Pública deverá tornar pública a proposta em seu sítio eletrônico e, verificada a conveniência e oportunidade para a realização do Procedimento de Manifestação de Interesse Social, o instaurará para oitiva da sociedade sobre o tema. A proposição ou a participação no Procedimento de Manifestação de Interesse Social não impede a Organização da Sociedade Civil de participar no eventual chamamento público subsequente. Essas considerações são feitas intuitivamente, pois a Lei nº 13.019/2014 não prevê as diferenças para a aplicação do regime jurídico de cada um dos instrumentos.

Ocorre que a Lei nº 13.019/2014 não previu grandes diferenças em relação aos termos de fomento e de colaboração, pois são instrumentos de parcerias do Estado com as Organizações da Sociedade Civil que envolvem transferência de recursos públicos, sendo que no termo de colaboração as propostas são feitas pela Administração Pública e nos termos de fomento as propostas são feitas pelas OSCs.

São diversos os desafios que a comunidade jurídica deverá enfrentar com as inovações trazidas pela Lei nº 13.019/2014, pois é necessário um tempo para adaptação e consenso das interpretações da lei e sua aplicação nos casos concretos.

Tradicionalmente existem várias nomenclaturas para as parcerias do Estado com o Terceiro Setor, como termo de parceria, contrato de gestão, contrato de repasse, etc. A Lei nº 13.019/2014 pretendeu trazer uma uniformização nas nomenclaturas e estabeleceu três denominações possíveis para as parcerias entre Estado e Terceiro Setor. Com a alteração da Lei nº 13.2014/2015 surgiu também o acordo de cooperação, além do termo de colaboração e o termo de fomento (estes dois já estavam na redação inicial).

Podemos colocar de um lado o termo de colaboração e o termo de fomento e de outro lado o acordo de cooperação.[37] Nos dois primeiros

---

[37] Termo de colaboração (art. 16): Iniciativa do Estado para celebração de parcerias com organizações da sociedade civil que envolvam a transferência de recursos financeiros.

CAPÍTULO 3
O REGIME JURÍDICO DAS PARCERIAS DO ESTADO COM AS ORGANIZAÇÕES DA SOCIEDADE CIVIL | 115

casos há transferência de recursos públicos. Já o acordo de cooperação[38] é para as parcerias entre Estado e OSC que não envolvam transferência de recursos financeiros.

Uma crítica encontrada é que, sob o aspecto jurídico, a diferenciação entre os termos de colaboração e o termo de fomento é irrelevante, vez que se baseia na iniciativa para a celebração da parceria. É uma mera diferença formal. A realização do chamamento público é essencial em ambas as hipóteses e as características dessas parcerias são idênticas: os partícipes são os mesmos (Estado e OSC); os objetivos são os mesmos (desenvolvimento atividade social e satisfação do interesse público); submetem-se ao mesmo regime jurídico; há repasse de recursos financeiros pelo Poder Público. A Lei nº 13.019/14, que teve a pretensão de uniformizar a nomenclatura dos instrumentos jurídicos, dificultou mais o entendimento dos leigos, gestores de pequenas OSCS e até mesmo de gestores públicos.

Tal como relatado por Fernando Dias Menezes de Almeida (2013, p. 239, nota de rodapé): "importa menos o nome que se pretenda dar às coisas e mais a compreensão de sua essência. E ainda, deve-se evitar terminologia que, na prática, leve a dúvidas, ou não corresponda ao uso corrente da linguagem jurídica". Não há grandes repercussões jurídicas nas diferenciações dos termos de colaboração e termos de fomento, sendo que a única diferença é que o sujeito tem a iniciativa de propor o projeto da parceria. As características são as mesmas, os objetivos são os mesmos, os objetos são os mesmos, as normas aplicáveis são as mesmas. O nome no Direito é o menos importante, sendo mais importante o conteúdo.

Em relação aos acordos de cooperação, instrumento previsto pela Lei nº 13.204/2015, não há transferência de recursos públicos e, infelizmente, a lei não se aprofundou no seu regime jurídico. Por exemplo, em análise feita sobre esse instrumento (MARRARA, T.;

Termo de fomento (art. 17): Iniciativa da organização da sociedade civil para parcerias que envolvam a transferência de recursos financeiros. É a hipótese do PMIS, sendo o projeto apresentado pela própria iniciativa privada.

[38] Acordo de cooperação (art. 2º, VIII-A): Essa expressão foi inserida pela Lei nº 13.204/2015. Instrumento de parceria que não envolve a transferência de recursos financeiros. (foi uma inovação da Lei nº 13.204/15). Faz sentido essa diferenciação, podendo inclusive haver um regime diferenciado. Como não há vinculação a recursos financeiros, que decorrem do orçamento, o prazo poderia ser diferenciado. É o instrumento por meio do qual são formalizadas as parcerias estabelecidas pela administração pública com organizações da sociedade civil para a consecução de finalidades de interesse público e recíproco que não envolvam a transferência de recursos financeiros.

CESÁRIO, N. A., 2016, p. 706), há uma problemática em relação ao tratamento de seu plano de trabalho, pois alguns dispositivos da Lei nº 13.019/2014 (arts. 22 e 35) permitem concluir que não é necessário plano de trabalho para os acordos de cooperação, mas apenas para os termos de fomento e de colaboração. No entanto, o artigo 42, parágrafo único, da lei relata que "o plano de trabalho será parte integrante e indissociável do termo de colaboração, do termo de fomento e do acordo de cooperação". Daí surge uma contradição interna na lei que suscita dúvidas sobre a necessidade do plano no tocante ao acordo de cooperação. É de sustentar que a contradição decorreu de uma falha do legislador ao incluir o novo instrumento sem revisar os demais dispositivos da extensa lei, surgindo a dúvida sobre a necessidade do plano de trabalho para os acordos de cooperação.

Pela análise teleológica e sistemática da lei, apesar da contradição normativa, o plano de trabalho deve acompanhar todos os tipos contratuais, inclusive o acordo de cooperação, pois, apesar desse instrumento de formalização não envolver transferências de recursos financeiros, pode envolver a celebração de comodato, doação de bens ou outra forma de compartilhamento de recurso patrimonial.

Aparentemente, a Lei nº 13.019/2014 pretendia subdividir os instrumentos previstos em algo semelhante ao que foi tratado pelo estudo da série Pensando o Direito. Ocorre que a lei não deixou claro como será diferenciado o regime jurídico desses instrumentos, apenas mudou a nomenclatura a depender da proposta da parceria.

Possivelmente, a aplicação e a pactuação dos instrumentos irão diferenciá-los, pois a prática do acordo de cooperação, do termo de fomento e do termo de colaboração poderá distinguir o seu regime jurídico, diferença esta que não é evidente pelo texto legal nacional. Sugere-se que os decretos regulamentadores da Lei de Parcerias das OSCs ou eventuais atos normativos setoriais acentuem as diferenças do tratamento jurídico dos instrumentos de formalização e aconselhem os gestores públicos e OSCs na sua aplicação prática.

Outra questão importante é o limite das atividades objeto de celebração de um termo de colaboração, pois esse instrumento não pode ser utilizado como uma execução direta de prestação de serviços públicos. A Lei de Parcerias com as OSCs prevê que é vedada a celebração de parcerias previstas nesta lei que tenham por objeto, envolvam ou incluam, direta ou indiretamente, delegação das funções de regulação, de fiscalização, de exercício do poder de polícia ou de outras atividades exclusivas de Estado. Além dessa hipótese, poderiam ser acrescentadas vedações a celebrações de parcerias que se destinem ao simples fornecimento de mão de obra, serviço ou bens necessários à execução de atividade pela própria entidade estatal, salvo na hipótese em que a entidade privada fomente o exercício de atividades de relevância pública exercida por entidade estatal, sem receber desta qualquer benefício ou contrapartida.

Ademais, cabe lembrar que a Constituição Federal determinou que "incumbe ao Poder Público, na forma da lei, diretamente ou sob regime de concessão ou permissão, sempre através de licitação, a prestação de serviços públicos", não podendo a parceria ser uma forma de fuga ao regime de licitação para a concessão ou permissão de serviços públicos.

Por fim, uma última sugestão seria a possibilidade de um regime jurídico simplificado para as parcerias de pequeno vulto, especialmente para os termos de fomento, no que se refere aos requisitos para sua celebração, a prestação de contas e a formalização dos instrumentos, para facilitar a acessibilidade da celebração dos instrumentos às pequenas OSCs, evitando-se uma elitização das parcerias.

3.2.2 Os convênios ainda existem?

Ficam algumas indagações sobre os convênios: Como ficarão os convênios vigentes entre o Estado e as ONGs ou OSCIPs? Apenas a denominação irá mudar? Quais serão as outras mudanças decorrentes da Lei nº 13.019/2014? Esses e outros questionamentos serão trazidos neste trabalho por meio de uma análise da legislação pertinente e de doutrinas que tratam do assunto.

Para isso, é interessante transcorrer brevemente sobre os convênios administrativos na Administração Pública brasileira, analisar a utilização das parcerias com as organizações da sociedade civil e verificar as disposições pertinentes na legislação vigente.

Cabe notar que o maior número de acordos firmados entre a Administração Pública e entidades do Terceiro Setor ainda são os convênios e não os contratos de gestão ou termos de parceria e, por isso, verifica-se a importância da análise dos convênios administrativos e seu regime de transição com a Lei nº 13.019/2014.

Antes da Lei nº 9.637/98, denominada Lei das Organizações Sociais (ou *Lei das OSs*), e da Lei nº 9.790/1999, conhecida como Lei das Organizações da Sociedade Civil de Interesse Público (OSCIPs), ou simplesmente, a *Lei das OSCIPs*, a forma mais popular de interação financeira do setor público com o privado era o convênio, indicado no Decreto-Lei nº 200/1967 como um instrumento de descentralização das atividades federais.

O entendimento adotado para o trabalho é de que o convênio administrativo seria uma espécie do conceito amplo de contrato administrativo[39] (não do conceito estrito). Dessa forma, não são aplicadas aos convênios todas as regras e princípios da Lei nº 8.666/93, havendo maior flexibilidade para utilização desse instrumento, não podendo utilizar esse mecanismo para reger objetos pertinentes ao contrato administrativo.

A exceção legal do artigo 116 da Lei nº 8.666/93 faz com que, ao se analisar o entendimento da lei, os convênios não sejam atingidos por todas as disposições desse diploma normativo. Assim, mesmo a lei pressupondo que os convênios são parte do gênero contrato administrativo, permite que sejam aplicadas normas próprias que se adéquem mais ao objeto do convênio.

Os convênios entre entidades públicas e entidades particulares não podem ser formas de delegação de serviços públicos, mas uma atividade administrativa de fomento.[40] Com o fomento público permite-se às entidades privadas que colaborem com o Estado, na medida em que há interesses convergentes para a realização de atividades de interesse público.

Infelizmente, muitos convênios têm sido equivocadamente utilizados ao invés de contratos, com a finalidade de simplificar e flexibilizar o procedimento e fugir da licitação ou até mesmo por desconhecimento de cada um dos institutos.[41] Para que tal atuação seja

---

[39] Não cabe no trabalho uma discussão ampla sobre a natureza jurídica dos convênios administrativos. Para tanto, cabe observar que na discussão doutrinária brasileira há três posições possíveis: a que considera o convênio administrativo como contrato administrativo, a que nega a primeira posição e a que designa os convênios administrativos como um ato administrativo complexo. Para um maior conhecimento sobre o assunto sugerem-se as páginas 559 e seguintes de MARRARA, T. Identificação dos Convênios Administrativos no Direito Brasileiro. *Revista da Faculdade dc Direito da Universidade de São Paulo*, v. 100 p. 551-571, jan./dez. 2005.

[40] Como também trata Di Pietro (2012, p. 238): "Quanto ao convênio entre entidades públicas e entidades particulares, ele não é possível como forma de delegação de serviços públicos, mas como modalidade de fomento".

[41] Segundo o entendimento de Marrara (2005, p. 569 e 570): "(...) um instrumento qualquer não pode ser considerado convênio administrativo, tanto mais pelo regime jurídico mais flexível que disciplina este último, decorrente da imunidade legal frente a algumas normas gerais de licitações e contratos administrativos.
É necessário que se verifiquem alguns elementos materiais e pessoais para que se possa qualificar um contrato administrativo como convênio, já que todo convênio é contrato,

CAPÍTULO 3
O REGIME JURÍDICO DAS PARCERIAS DO ESTADO COM AS ORGANIZAÇÕES DA SOCIEDADE CIVIL | 119

evitada, o art. 38, parágrafo único, da Lei nº 8.666/93 determina que as minutas dos convênios sejam previamente examinadas e aprovadas pela assessoria jurídica da Administração.

Quando firmado com entidade privada, o convênio é uma atividade administrativa de fomento na qual, como relata Maria Sylvia (2012, p. 238), "o Estado deixa a atividade na iniciativa privada e apenas incentiva o particular que queira desempenhá-la, por se tratar de atividade que traz algum benefício para a coletividade". Assim, haverá uma atuação subsidiária do Estado, por diversos mecanismos de fomento, como subvenções, auxílios financeiros, financiamentos, etc.

O art. 116 da Lei nº 8.666/93 estabelece que as disposições da Lei nº 8.666/93 aplicam-se, no que couberem, aos convênios administrativos, assim como em outros instrumentos de mesma natureza (acordos, ajustes, etc.). Pela análise do dispositivo supracitado e seus parágrafos, é possível verificar diversas exigências, também enumeradas por Tarso Cabral (2004, p. 505 e ss.), para o repasse de recursos financeiros para os convênios.

Os convênios administrativos não possuíam uma lei ordinária específica para sua regulamentação, o que fazia com que houvesse insegurança jurídica para os convênios celebrados, usando-se como parâmetro normas gerais da Lei nº 8.666/93. Porém, nem todas as regras e princípios da Lei de Licitações e Contrações Públicas aplicam-se aos convênios administrativos, visto que são instrumentos jurídicos que se diferenciam em diversos aspectos, principalmente procedimental e finalístico.

O regime jurídico dos convênios é mais flexível, o que não se amolda com a necessidade de controle e fiscalização de repasse de recursos públicos para entidades privadas, talvez por isso tenha se verificado a necessidade de promulgação do Marco Regulatório das Organizações da Sociedade Civil.

---

mas nem todo contrato é convênio. Por esse motivo, deve-se trazer para este contexto, por empréstimo do Direito do Trabalho, o princípio da primazia da realidade, 'em razão do qual a relação objetiva evidenciada pelos fatos define a verdadeira relação jurídica estipulada pelos contratantes, ainda que sob capa não correspondente à realidade'.

Em outras palavras, não basta que se batize determinado instrumento como um convênio administrativo. Sua identificação e, por conseguinte, a aceitação do regime jurídico-administrativo 'mais flexível' que os agasalha devem vir acompanhadas da verificação caso a caso dos elementos materiais e pessoais que o constituem. Sem isso, corre-se o risco de desvirtuar a atuação estatal, gerando-se benefícios ilegítimos para falsos partícipes".

No âmbito da educação pública e saúde, por exemplo, os repasses orçamentários são muito altos[42] e é necessário um maior controle, fiscalização e transparência da utilização dos recursos financeiros. Essas áreas são as que possuem maior quantidade de convênios até então vigentes.

Anteriormente, não havia processo de seleção para a escolha dos entes conveniados, que, a partir de uma proposta elaborada, firmavam parcerias com a Administração Pública.

O fato de a Lei nº 13.019/14 só mencionar três nomes de instrumentos para formalização de parcerias (termo de colaboração, termo de fomento e acordo de cooperação) não impede que subsistam os instrumentos de pactuação previstos em leis específicas. Então, quando uma lei específica tratar de convênio, ele subsistirá. A ideia da Lei nº 13.019/14 era não utilizar mais a expressão convênios para parcerias entre o Estado e entidades privadas e estabelecia que convênio só seria usado como referência a parcerias envolvendo o próprio Estado (art. 84 – redação original).

A redação original do dispositivo era passível de muitas críticas, pois contrariava a própria Constituição Federal (a CF menciona a expressão convênio para parceria envolvendo Estado e iniciativa privada – art. 199, §1º: "As instituições privadas poderão participar de forma complementar do sistema *único* de saúde, segundo diretrizes deste, mediante contrato de direito público ou convênio, tendo preferência as entidades filantrópicas e as sem fins lucrativos"), ademais, há leis específicas que trazem a expressão "convênios" que não foram expressamente revogadas pela Lei nº 13.019/14. Essa crítica foi ouvida. Após a alteração da Lei nº 13.204/2015, convênio seria designado tanto para parcerias dentro do Estado quanto para aquelas relacionadas à

---

[42] No município de São Paulo, por exemplo, o gasto mensal de um convênio com um CEI (Centro de Educação Infantil) é de aproximadamente R$50.000,00, pela análise dos dados disponibilizados pela Secretaria Municipal de Educação. E os prazos de cada convênio normalmente são de 30 meses, prorrogáveis por mais 30. Em 30 meses, o valor que a Diretoria Regional de Educação (DRE) de Guaianases (a que tem o maior número de CEIs, que é 163) gastou é de R$ 194.443.002,20 e a DRE Butatã (menor número de CEIs) gastou R$ 42.042.883,52, no ano de 2007. Disponível em: http://portalsme.prefeitura.sp. gov.br/convenios/Documentos%20Compartilhados/BD_ORIGINAL_CONVENIO.xlsm. Acesso em: 23 jun. 2015.

Em consulta com a DRE Jaçanã/Tremembé, através da advogada Dra. Veridiana Duzzi, foi relatado que os convênios realmente têm um gasto alto de aproximadamente R$ 300.000,00 mensais nas Escolas Municipais de Educação Infantil e que as Diretorias Regionais de Educação já estão aditando os convênios vigentes para se adequarem à Lei nº 13.019/2014, sendo prevista uma maior segurança jurídica com a vigência da lei.

área da saúde. Então, convênio teria uma aplicação mais restrita de acordo com a letra da lei.

No entanto, se a expressão convênio aparecer em leis específicas, tais diplomas legais deverão prevalecer (por exemplo, o Decreto nº 6170/2007)? Pela literalidade da redação da Lei nº 13.019, a expressão convênio não mais subsistirá, sendo apenas adotada para as parcerias dentro da Administração Pública e para as parcerias na área da saúde entre Administração Pública (art. 199, §1º, da CF) e entidades privadas (literalidade do artigo 84, parágrafo único, e art. 84-A). No entanto, é possível defender que a Lei nº 13.019/2014 não poderia interferir em legislações específicas que tratam de convênios administrativos, tal como o Decreto nº 6.170/2007. Assim, se a norma tratar de um assunto específico e abordar o conceito de "convênio", o critério da especialidade prevalecerá, visto que uma norma especial prevalece sobre a geral (que é o caso da Lei nº 13.019). Outrossim, nota-se que, segundo o artigo 2º, parágrafo 2º, da Lei de Introdução ao Direito Brasileiro (LINDB), "a lei nova, que estabeleça disposições gerais ou especiais a par das já existentes, não revoga nem modifica a lei anterior".

3.2.3   Fuga à aplicação da Lei nº 13.019/2014?

Ao entrar em contato com o regime jurídico previsto na Lei nº 13.019/2014, muitos atuantes no Terceiro Setor encontraram dificuldades na sua implementação, o que trouxe uma tendência de "fuga" para a aplicação de outros regimes jurídicos considerados menos rígidos.

Ademais, pelo fato da Lei nº 13.019/2014 ser recente, alguns órgãos da Administração Pública preferem celebrar contratos de repasse, termos de parcerias ou outros instrumentos já conhecidos do que formalizar novos instrumentos.

A dificuldade para celebrar as parcerias pela nova lei também é verificada na necessidade do chamamento público, caso não estejam nas hipóteses de dispensa e inexigibilidade, pois o procedimento tem alguma semelhança com a rigidez licitatória da Lei nº 8.666/93 e muitas vezes o gestor público e/ou o gestor da OSC não tem o conhecimento necessário para executar um procedimento de seleção complexo. Além disso, a prestação de contas com enfoque no controle de resultados é desconhecida pelos gestores, mesmo sendo considerada uma inovação prevista na lei.

Comparando o tratamento das OSCIPs e das OSs, é possível verificar que ter a qualificação de OSCIP apresenta características importantes para a eficiência e neutralidade do acordo firmado, pois não precisa do Poder Público no conselho gestor e é qualificada por um ato vinculado do Ministério da Justiça, enquanto as OSs são qualificadas a partir de um ato discricionário do Poder Público. Pode-se dizer que a Lei das OSCIPs tem o intuito de ir para um regime jurídico mais isento, sem o possível "clientelismo" marcado pela Lei das OSs.

Quanto à CEBAS (Certificação das Entidades Beneficentes de Assistência Social) é utilizada para o alcance do beneficio do não recolhimento da cota patronal. Já o revogado TUP (Título de Utilidade Pública Federal) era utilizado para benefícios tributários, como a isenção do Imposto de Renda, A Lei nº 13.204/2015, além de revogar o TUP, trouxe alterações à Lei nº 9.249/95 para a obtenção de doações (anteriormente prevista para o TUP), estabelecendo que poderão ser deduzidas as doações, até o limite de dois por cento do lucro operacional da pessoa jurídica, antes de computada a sua dedução, efetuadas a entidades civis, legalmente constituídas no Brasil, sem fins lucrativos, que prestem serviços gratuitos em benefício de empregados da pessoa jurídica doadora, e respectivos dependentes, ou em benefício da comunidade onde atuem.

Foi possível encontrar alguns diplomas jurídicos que são exemplos dessa tendência de fuga à aplicação da Lei nº 13.019/2014 e que adotam outros regimes, como o modelo tradicional dos convênios.

Por exemplo, a Lei nº 13.608, de 10 de janeiro de 2018, que dispõe sobre o serviço telefônico de recebimento de denúncias e sobre recompensa por informações que auxiliem nas investigações policiais, em seu artigo 2º dispõe que: "Art. 2º Os Estados são autorizados a estabelecer serviço de recepção de denúncias por telefone, preferencialmente gratuito, que também poderá ser mantido por entidade privada sem fins lucrativos, por meio de convênio".

A redação da Medida Provisória nº 820, de 15 de fevereiro de 2018, que dispõe sobre medidas de assistência emergencial para acolhimento a pessoas em situação de vulnerabilidade decorrente de fluxo migratório provocado por crise humanitária, em seu artigo 4º, parágrafo 2º, determina que: "Art. 4º §2º. Convênios ou instrumentos congêneres poderão ser firmados com entidades e organizações da sociedade civil". A MP foi convertida da Lei nº 13.684/2018, que retirou o termo "convênio".

CAPÍTULO 3

Por fim, outro exemplo seria o Decreto nº 9.190, de 1º de novembro de 2017, que traz o Programa Nacional de Publicização, analisado a seguir.

3.2.4 O Programa Nacional de Publicização

Em 3 de novembro de 2017 foi publicado no Diário Oficial da União o Decreto nº 9.190, de 1º de novembro de 2017, regulamentando o artigo 20 da Lei nº 9.637, de 15 de maio de 1998 (Lei das Organizações Sociais), e instituindo o Programa Nacional da Publicização. Quase 20 anos depois surgiu o programa, cujo objetivo é estabelecer diretrizes e critérios para a qualificação de organizações sociais, a fim de assegurar a absorção de atividades desenvolvidas por entidades ou órgãos públicos da União. Segundo o decreto, a qualificação de entidades privadas sem fins lucrativos como organizações sociais tem por objetivo o estabelecimento de parcerias de longo prazo, com vistas à prestação, de forma contínua, de serviços de interesse público à comunidade beneficiária.

Em relação às diretrizes para a qualificação como OS, o decreto não inova muito em seus requisitos, determinando as fases de decisão de publicização, seleção da entidade privada, publicação do ato de qualificação e celebração do contrato de gestão.

Sobre a decisão de publicização, a proposta será encaminhada pelo Ministro de Estado supervisor da área ao Ministério do Planejamento, Desenvolvimento e Gestão e deverá conter diversas informações arroladas exemplificativamente no rol do parágrafo primeiro do artigo 7º, dentre as quais destacamos os incisos IV, V e VI, que trazem disposições rígidas para a aceitação da proposta, *in verbis*: IV) a demonstração, em termos do custo-benefício esperado, da absorção da atividade por organização social, em substituição à atuação direta do Estado, considerados os impactos esperados a curto, médio e longo prazo; V) as informações sobre cargos, funções, gratificações, recursos orçamentários e físicos que serão desmobilizados, quando a decisão implicar extinção de órgão, entidade ou unidade administrativa da administração pública federal responsável pelo desenvolvimento das atividades; VI – análise quantitativa e qualitativa dos profissionais atualmente envolvidos com a execução da atividade, com vistas ao aproveitamento em outra atividade ou à cessão para a entidade privada selecionada.

Em relação à seleção da proposta, também não há grande inovação. De modo simplificado, o decreto dispõe que a seleção terá as seguintes etapas, consecutivamente: divulgação do chamamento público; recebimento e avaliação das propostas; publicação do resultado provisório; fase recursal; e publicação do resultado definitivo. Note-se que há semelhança com o "Marco Regulatório das Organizações da Sociedade Civil" (Lei nº 13.019/2014) em relação ao procedimento e às hipóteses em que a OS não poderá participar do chamamento público.

Sobre a celebração do contrato de gestão, o decreto traz uma linguagem mais atual sobre os requisitos e preceitos que deverão estar num instrumento de formalização de parcerias, dispondo que deverão estar discriminados os serviços, as atividades, as metas e os objetivos a serem alcançados nos prazos pactuados, o cronograma de desembolso financeiro e os mecanismos de avaliação de resultados das atividades da organização social. Observa-se que o enfoque, pelo menos na literalidade, será no controle de resultados, prevendo o decreto que o contrato de gestão deverá oferecer mecanismos para a sua avaliação.

O Conselho de Administração da OS terá especial função em relação à execução e avaliação do contrato de gestão, devendo zelar pelo cumprimento dos resultados pactuados, pela aplicação regular dos recursos públicos, pela adequação dos gastos e pela sua aderência ao objeto do contrato de gestão. Ao órgão ou entidade supervisora serão encaminhados os relatórios gerenciais e caberá a avaliação dos resultados alcançados pela OS. Ademais, em prol da transparência, deverá disponibilizar no sítio eletrônico os atos de chamamento público, a cópia integral dos contratos de gestão e seus aditivos, os relatórios de execução de que trata o §1º do art. 8º da Lei nº 9.637, de 1998, acompanhados das prestações de contas correspondentes e os relatórios apresentados pelas comissões de avaliação.

O decreto traz quatro hipóteses de desqualificação da OS, quais sejam: por decisão fundamentada do órgão supervisor ou da entidade supervisora, pelo encerramento do contrato de gestão, quando constatado o descumprimento das disposições contidas no contrato de gestão, na Lei nº 9.637, de 1998, e pelo não atendimento, de forma injustificada, às recomendações da comissão de avaliação ou do órgão supervisor ou da entidade supervisora. A OS poderá oferecer defesa no prazo de 30 dias, observado o processo administrativo adequado e as disposições da Lei nº 9.784/1999. Com a desqualificação da OS, o órgão supervisor ou a entidade supervisora providenciará a incorporação integral do patrimônio, dos legados ou das doações que lhe foram destinados e dos excedentes financeiros decorrentes de suas atividades. Além disso, as atividades exercidas até então pela OS poderão (deverão) ser reassumidas pelo Poder Público, com vistas à manutenção da continuidade dos serviços prestados e à preservação do patrimônio, facultada à União a transferência da execução do serviço para outra OS.

Após a análise do Programa Nacional de Publicização, alguns questionamentos ficam: o programa é uma fuga ao regime jurídico previsto para a Lei nº 13.019/2014 (haja vista, não será aplicada aos contratos de gestão celebrados por OSs)? Com a análise da implementação do programa e da realização dos contratos de gestão, com o tempo, talvez seja possível responder a esse questionamento.

3.3 Cenário atual das parcerias do Estado com o Terceiro Setor

Com o surgimento da Lei nº 13.019/2014 também surgiu uma grande preocupação da elitização das parcerias do Estado com o Terceiro Setor, pois as OSCs, principalmente as pequenas, estavam aflitas ao verificar as diversas exigências da lei.

Atualmente, há um número muito grande de entidades privadas sem fins lucrativos que exercem atividades de interesse público. Segundo o Instituto de Pesquisa Econômica Aplicada (Ipea), em parceria com a Secretária-Geral da Presidência da República (SG/PR se reuniu com diversos ministérios para debater sobre a atualização das bases de dados do Mapa das Organizações da Sociedade Civil (Mapa das OSCs),[43] foi criada a plataforma georreferenciada que apresenta dados relativos às Organizações da Sociedade Civil (OSC) no Brasil. Segundo essa plataforma, há 781.921 Organizações da Sociedade Civil no Brasil. Dentre os Estados que mais possuem OSCs estão São Paulo (156.001), Minas Gerais (85.802) e Rio Grande do Sul (55.042), segundo o Mapa das OSCs.

Observa-se que o número de entidades está diminuindo, visto que em 2018 o número de OSCs era maior. Segundo a mesma fonte de dados,[44] havia 820.186 Organizações da Sociedade Civil no Brasil. Dentre os Estados que mais possuem OSCs estavam São Paulo (162.127), Minas Gerais (90.970) e Rio Grande do Sul (70.284).

---

[43] Disponível em: https://mapaosc.ipea.gov.br/. Acesso em: 20 fev. 2021.

[44] *Idem*. Acesso em: 20 maio 2018.

Segundo a mesma fonte,[45] as OSCs possuem 2.283.922 empregados formais (sem contabilizar os empregados informais), sendo 1.333.367 na região Sudeste, 406.135 na região Sul, 314.595 na região Nordeste, 162.627 na região Centro-Oeste e 67.198 na região Norte. Em 2018, as OSCs empregavam formalmente 4.466.940 pessoas.[46]

O Painel de Transferências Abertas,[47] ferramenta desenvolvida pelo Ministério do Planejamento, Desenvolvimento e Gestão, também oferece dados sobre as parcerias realizadas pela União. Segundo esta ferramenta, o valor de recursos financeiros liberado para essas parcerias chega a R$ 84,6 bilhões (sendo R$ 21,6 bilhões quando selecionadas as Organizações da Sociedade Civil).

No Brasil, segundo a mesma fonte,[48] há 165.863 de instrumentos assinados, mas apenas 23.027 instrumentos com as Organizações da Sociedade Civil, sendo, segundo o ano de assinatura, 1.861 no ano de 2020, 1.432 no ano de 2019, 1.784 no ano de 2018, 1.595 no ano de 2017 e 2.315 no ano de 2016, lembrando que a Lei nº 13.019 entrou em vigor em 2016 para União e Estados e em 2017 para os Municípios.

Com relação à modalidade de instrumento firmado previsto na Lei nº 13.019, o Painel[49] informa que foram firmados 91 termos de colaboração e 641 termos de fomento em 2020, 44 termos de colaboração e 278 termos de fomento no ano de 2019, 50 termos de colaboração e 252 termos de fomento no ano de 2018, 47 termos de colaboração e 128 termos de fomento no ano de 2017 e 33 termos de colaboração e 28 termos de fomento no ano de 2016. Não há a opção de selecionar os acordos de colaboração firmados.

Nota-se que menos de um percentual mínimo de parcerias é firmado pelos instrumentos de formalização da Lei nº 13.019/2014, cinco anos depois da implementação da lei na União.

Cabe notar que, segundo o extrator de dados do IPEA,[50] foram firmadas com as OSCs 15.480 parcerias no ano de 2016, 14.875 em 2015 e 16.697 em 2014, sendo ínfimo o valor das parcerias firmadas com os instrumentos de parcerias previstos pela lei de 2014. É possível notar

---

[45] *Idem.* Acesso em: 20 fev. 2021.

[46] *Idem.* Acesso em: 21 maio 2018.

[47] Disponível em: http://www.transferenciasabertas.planejamento.gov.br/QvAJAXZfc/opendoc.htm?document=painelcidadao.qvw&lang=en-US&host=QVS%40srvbsaiasprd01&anonymous=true. Acesso em: 18 fev. 2021.

[48] *Idem.*

[49] *Idem.*

[50] Disponível em: https://www.ipea.gov.br/extrator/. Acesso em: 15 fev. 2021.

CAPÍTULO 3
O REGIME JURÍDICO DAS PARCERIAS DO ESTADO COM AS ORGANIZAÇÕES DA SOCIEDADE CIVIL | 127

uma queda das parcerias, possivelmente por conta das crises política e econômica.

Em relação ao número total de OSCs com parceria por região, temos, segundo o Mapa das OSCs,[51] na região Norte 1.257 OSCs, na região Nordeste 5.073, na região Sudeste 8.656, na Centro-Oeste 1.439 e na região Sul 4.407 OSCs, totalizando 20.832 de OSCs com parcerias.

No que tange à natureza jurídica das OSCs que possuem parcerias, o extrator de dados do IPEA[52] apresenta que a grande maioria são Associações Privadas (20.229), seguidas das Fundações Privadas (554), Organizações Sociais (34) e Organizações Religiosas. A grande maioria das OSCs são Associações Privadas e o motivo disso possivelmente se dá pela facilidade da constituição, bastando a reunião de vontades de duas ou mais pessoas físicas e não necessitando de um patrimônio prévio afetado, como as Fundações Privadas.

Cabe notar que, apesar da importância e da grande quantidade de repasses públicos destinados às parcerias, não são estas que destinam as maiores quantidades de recursos para as OSCs, pois a grande maioria dos recursos que garantem a existência da OSCs é verificada através de doações privadas, investimento próprio através de auxílio tributário (apesar de ainda ser rigoroso e desfavorável às OSCs) ou até mesmo fundos patrimoniais. Essa afirmação se dá devido à comparação dos dados disponibilizados no Mapa das OSCs entre o número total de OSCs (781.921) e o número total de OSCs com parceria (23.057). Verifica-se que a grande maioria das OSCs não tem interesse ou não consegue ter acesso aos recursos públicos através das parcerias, muitas vezes pela dificuldade dos procedimentos, pela falta de conhecimento e pela burocracia. E esse cenário tem se acentuado diante da crise financeira e política do Brasil atual, em que as OSCs e as parcerias com o Estado estão sendo deixadas em segundo plano.

Observa-se que o Brasil apresenta dificuldade de consolidação de dados referentes ao Terceiro Setor. Exemplo disso é a diferença de dados apresentados pelo Instituto de Pesquisa Econômica Aplicada (IPEA) e o Instituto Brasileiro de Geografia e Estatística (IBGE) – através da pesquisa das Fundações Privadas e Associações sem Fins Lucrativos no Brasil (FASFIL).[53] Tais instituições apresentaram dados divergentes

---

[51] *Idem.*

[52] *Idem.*

[53] Trata-se de um estudo apresentado pelo IBGE (Instituto Brasileiro de Geografia e Estatística) "sobre as organizações da sociedade civil organizada no Brasil, com base nos

com relação às entidades do Terceiro Setor. De acordo com o estudo FASFIL, divulgado em abril de 2019, havia 237 mil fundações privadas e associações sem fins lucrativos no Brasil em 2016. Já o Mapa das OSCs divulgado pelo IPEA aponta que existem 820 mil organizações no país, segundo dados do mesmo ano (2016). O IPEA apresentou uma nota técnica para explicar a diferença dos resultados.[54]

3.4 Cláusulas exorbitantes nas parcerias

O artigo 58 da Lei de Licitações e Contratos (Lei nº 8.666/93) traz poderes da Administração Pública que seriam aplicáveis em todos os seus contratos realizados, tal como relata Thiago Marrara (2013, p. 4 e ss.):

> Os poderes exorbitantes se aplicariam aos contratos tradicionalmente regidos pela lei (incluindo obras, compras e serviços), bem como aos contratos com conteúdo de direito privado, aos contratos em que a Administração surge como usuária de serviços e em diversos módulos contratuais regidos por leis específicas que fazem remissão às normas gerais da Lei de Licitações como corpo de normas gerais.

A Lei nº 8.666/1993 traz nas possibilidades cinco hipóteses dos poderes exorbitantes da Administração Pública em relação aos seus contratos firmados, quais sejam, modificá-los unilateralmente, rescindi-los unilateralmente, fiscalizar sua execução, aplicar sanções e ocupar provisoriamente:

> Art. 58. O regime jurídico dos contratos administrativos instituído por esta Lei confere à Administração, em relação a eles, a prerrogativa de:
>
> I – modificá-los, unilateralmente, para melhor adequação às finalidades de interesse público, respeitados os direitos do contratado;
>
> II – rescindi-los, unilateralmente, nos casos especificados no inciso I do art. 79 desta Lei;

---

dados do Cadastro Central de Empresas (CEMPRE), também de responsabilidade do Instituto, tendo como objetivo o mapeamento do universo associativo e fundacional no que tange, especialmente, à sua finalidade de atuação e distribuição espacial no território brasileiro". IBGE, 2019. Disponível em: https://www.ibge.gov.br/estatisticas/economicas/outras-estatisticas-economicas/9023-as-fundacoes-privadas-e-associacoes-sem-fins-lucrativos-no-brasil.html?=&t=o-que-e. Acesso em: 12 jun. 2020.

[54] Disponível em: https://www.ipea.gov.br/portal/index.php?option=com_content&view=article&id=34976. Acesso em: 19 jan. 2020.

III – fiscalizar-lhes a execução;

IV – aplicar sanções motivadas pela inexecução total ou parcial do ajuste;

V – nos casos de serviços essenciais, ocupar provisoriamente bens móveis, imóveis, pessoal e serviços vinculados ao objeto do contrato, na hipótese da necessidade de acautelar apuração administrativa de faltas contratuais pelo contratado, bem como na hipótese de rescisão do contrato administrativo.

O problema da aplicação das cláusulas exorbitantes para todos os contratos celebrados pelo Poder Público é aplicar conceitos ultrapassados para a diversidade de contratos realizados, tal como relata Thiago Marrara (2013,p. 04 e ss.), é: "as normas gerais de 1993 não atendem novas e complexas modalidades contratuais que a Administração Pública passa a empregar no exercício de suas tarefas mais diversas".

As parcerias do Estado com as OSCs são formalizadas pelos instrumentos contratuais termo de colaboração, termo de fomento e acordo de cooperação, mas nem por isso devem ser aplicadas as cláusulas exorbitantes da Lei nº 8.666/93. A um, pois são contratos com entidades privadas sem finalidade lucrativa, em prol de um interesse público. O ente público e o ente privado são parceiros e devem ser tratados como tal. A dois, pois a lei específica (Lei nº 13.019/2014) já traz instrumentos específicos para a adequada fiscalização e execução da parceria, como as Comissões de Monitoramento e Avaliação. A três, a possibilidade de aplicar sanções advém do rol taxativo do artigo 73 da lei, não podendo ser ampliado por outro diploma normativo.

Nesse sentido, a Lei nº 13.019/2014 previu, em seu artigo 84, que não se aplica às parcerias regidas por ela o disposto na Lei nº 8.666, de 21 de junho de 1993, salvo nas hipóteses expressamente previstas (como no caso dos convênios, em que se aplica o artigo 116 da Lei nº 8.666/93).

A Lei nº 13.019/2014 traz disposições menos rígidas sobre os poderes exorbitantes da Administração Pública nas parcerias, o que por um lado é bom, pois não é interessante a interferência do Estado nas parcerias da mesma forma do disposto pela Lei nº 8.666/93. No entanto, a falta de tratamento abre espaço para interpretações errôneas e aplicações de institutos mais defasados sobre o assunto.

Em relação aos poderes exorbitantes da Administração Pública, é possível detectar na Lei nº 13.019/2014 o seguinte:

a) previsão de monitoramento e avaliação da parceria, para o qual a Administração Pública poderá valer-se do apoio técnico de terceiros, delegar competência ou firmar parcerias com órgãos ou entidades que se situem próximos ao local de aplicação dos recursos;

b) a rescisão unilateral, que somente poderá ser feita pela Administração Pública no caso de parcerias firmadas por prazo indeterminado antes da data de entrada em vigor da lei, ou prorrogáveis por período superior ao inicialmente estabelecido, no prazo de até um ano após a data da entrada em vigor da lei;

c) a Administração Pública tem a prerrogativa para assumir ou transferir a responsabilidade pela execução do objeto, no caso de paralisação, de modo a evitar sua descontinuidade;

d) na hipótese de inexecução por culpa exclusiva da OSC, a Administração Pública poderá, exclusivamente para assegurar o atendimento de serviços essenciais à população, por ato próprio e independentemente de autorização judicial, a fim de realizar ou manter a execução das metas ou atividades pactuadas: (i) retomar os bens públicos em poder da organização da sociedade civil parceira, qualquer que tenha sido a modalidade ou título que concedeu direitos de uso de tais bens; (ii) assumir a responsabilidade pela execução do restante do objeto previsto no plano de trabalho, no caso de paralisação, de modo a evitar sua descontinuidade, devendo ser considerado na prestação de contas o que foi executado pela organização da sociedade civil até o momento em que a administração assumiu essas responsabilidades;

e) em relação às sanções, há a possibilidade de aplicação das sanções de (i) advertência, (ii) suspensão temporária da participação em chamamento público e impedimento de celebrar parceria ou contrato com órgãos e entidades da esfera de governo da administração pública sancionadora, por prazo não superior a dois anos, e (iii) declaração de inidoneidade nos casos em que a execução da parceria esteja em desacordo com o plano de trabalho e com as normas previstas, sempre garantida a defesa prévia.

Sobre as cláusulas exorbitantes, o Professor Thiago Marrara traz algumas proposições conclusivas, com as quais o presente trabalho está de acordo, e complementa com ideias próprias. A primeira delas (2013, p. 10) é a ideia de que o plano dos fatos é distinto do plano das normas. Sendo assim, apenas a leitura da Lei nº 13.019/2014 não vai resolver todos os problemas do regime jurídico das parcerias, ainda mais sobre o tema complexo das cláusulas exorbitantes. É preciso verificar através da implementação da lei a necessidade ou não da interferência estatal. É desejável que a interferência seja a mínima possível. Para o autor (2013, p. 10), "É preciso maior aprofundamento teórico (das cláusulas exorbitantes), inclusive mediante pesquisa empírica, para verificar se as pretensas desvantagens no uso dessas cláusulas existem na prática ou se elas são meras especulações e 'achismos'".

A segunda proposição (2013, p. 10) é a noção de que o plano da Administração não é o plano do Direito Administrativo, valendo dizer que os juristas não podem vincular a existência de cláusulas exorbitantes tão somente a uma norma jurídica que as reconheça, pois os gestores públicos possuem tantos outros estímulos políticos, econômicos, morais e também jurídicos do que apenas a norma escrita. Isso significa dizer que, mesmo que uma norma ou instituto seja modificado em uma legislação, é possível que os problemas da Administração ainda se verifiquem em seu cotidiano. De tal forma que a publicação de uma lei que estabelece um novo regime jurídico de parcerias, como a Lei nº 13.019/2014, não vai resolver muitos problemas práticos, principalmente no que tange às cláusulas exorbitantes.

Por fim, a última proposição (2013, p. 11) diz respeito à necessidade de se enquadrar os poderes exorbitantes com o sistema contratual vigente, devendo haver uma contextualização para sua utilização. Essa proposição está bem ilustrada na seguinte passagem (2013, p. 11 e12): "Se for verdade que as cláusulas exorbitantes, de um lado, dão margem a certos abusos, falhas de gestão e até graves prejuízos, de outro, elas apresentam notória utilidade em incontáveis situações. Tudo depende, portanto, do uso que delas se faça à luz das circunstâncias fáticas e contratuais" e conclui "a exorbitância não está exatamente no conteúdo do poder, mas sim na sua previsão contratual obrigatória".

Sendo assim, a análise teleológica e o contexto fático em que um contrato/parceria está inserido são essenciais para a verificação da necessidade ou não dos poderes exorbitantes da Administração. No caso específico das parcerias com as OSCs, devem prevalecer as finalidades e os objetos da parceria, com as possibilidades de exorbitância previstas apenas na lei específica e não a aplicação da Lei nº 8.666/93.

As proposições poderão ser aplicáveis até mesmo para outros institutos das parcerias que não as cláusulas exorbitantes, no sentido de que a previsão de um novo regime jurídico no direito positivo não faz com que a realidade da Administração e das parcerias seja modificada abruptamente e também não resolve todos os problemas práticos.

3.5 Formalização, execução e alteração das parcerias

Para estar caracterizada como Organização da Sociedade Civil – OSC, a entidade precisa estar enquadrada no art. 2º, I, da Lei nº 13.019/14. Também, é necessário que possua em seu estatuto ao menos uma das atividades descritas a seguir, de acordo com o art. 84-C:

a) promoção da assistência social;

b) promoção da cultura, defesa e conservação do patrimônio histórico e artístico;

c) promoção da educação;

d) promoção da saúde;

e) promoção da segurança alimentar e nutricional;

f) defesa, preservação e conservação do meio ambiente e promoção do desenvolvimento sustentável;

g) promoção do voluntariado;

h) promoção do desenvolvimento econômico e social e combate à pobreza;

i) experimentação, não lucrativa, de novos modelos socioprodutivos e de sistemas alternativos de produção, comércio, emprego e crédito;

j) promoção de direitos estabelecidos, construção de novos direitos e assessoria jurídica gratuita de interesse suplementar;

k) promoção da ética, da paz, da cidadania, dos direitos humanos, da democracia e de outros valores universais;

l) organizações religiosas que se dediquem a atividades de interesse público e de cunho social distintas das destinadas a fins exclusivamente religiosos;

m) estudos e pesquisas, desenvolvimento de tecnologias alternativas, produção e divulgação de informações e conhecimentos técnicos e científicos que digam respeito às atividades mencionadas neste artigo.

Atendendo aos requisitos supracitados, as OSC farão jus aos seguintes benefícios, independentemente de certificação (art. 84-B da Lei nº 13.019/14):

a) receber doações de empresas, até o limite de 2% (dois por cento) de sua receita bruta, ou seja, as empresas podem doar até 2% de sua receita bruta, para fins de dedução de imposto de renda;

b) receber bens móveis considerados irrecuperáveis, apreendidos, abandonados ou disponíveis, administrados pela Secretaria da Receita Federal do Brasil;

c) distribuir ou prometer distribuir prêmios, mediante sorteios, vale-brindes, concursos ou operações assemelhadas, com o intuito de arrecadar recursos adicionais destinados à sua manutenção ou custeio.

Para que haja a celebração e formalização da parceria, a Administração Pública deverá adotar as seguintes providências:

a) realização de chamamento público, ressalvadas as hipóteses previstas na lei;

b) indicação expressa da existência de prévia dotação orçamentária para execução da parceria;

c) demonstração de que os objetivos e finalidades institucionais e a capacidade técnica e operacional da organização da sociedade civil foram avaliados e são compatíveis com o objeto;

d) aprovação do plano de trabalho;

e) emissão de parecer de órgão técnico da Administração Pública, que deverá pronunciar-se, de forma expressa, (i) a respeito do mérito da proposta, em conformidade com a modalidade de parceria adotada; (ii) da identidade e da reciprocidade de interesse das partes na realização, em mútua cooperação; (iii) da viabilidade de sua execução; (iv) da verificação do cronograma de desembolso; (v) da descrição de quais serão os meios disponíveis a serem utilizados para a fiscalização da execução da parceria, assim como dos procedimentos que deverão ser adotados para avaliação da execução física e financeira, no cumprimento das metas e objetivos; da designação do gestor da parceria; e (vi) da designação da comissão de monitoramento e avaliação da parceria;

f) emissão de parecer jurídico do órgão de assessoria ou consultoria jurídica da Administração Pública acerca da possibilidade de celebração da parceria.

Não poderá ser exigida contrapartida financeira como requisito para celebração de parceria, facultada a exigência de contrapartida em bens e serviços cuja expressão monetária seja obrigatoriamente identificada no termo de colaboração ou de fomento.

Caso o parecer técnico ou o parecer jurídico concluam pela possibilidade de celebração da parceria com ressalvas, deverá o administrador público sanar os aspectos ressalvados ou, mediante ato formal, justificar a preservação desses aspectos ou sua exclusão. Na hipótese de o gestor da parceria deixar de ser agente público ou ser lotado em outro órgão ou entidade, o administrador público deverá designar novo gestor, assumindo, enquanto isso não ocorrer, todas as obrigações do gestor, com as respectivas responsabilidades.

Caso a OSC adquira equipamentos e materiais permanentes com recursos provenientes da celebração da parceria, o bem será gravado com cláusula de inalienabilidade, e ela deverá formalizar promessa de transferência da propriedade à Administração Pública, na hipótese de sua extinção.

Será impedida de participar como gestor da parceria ou como membro da comissão de monitoramento e avaliação pessoa que, nos últimos cinco anos, tenha mantido relação jurídica com, ao menos, uma das organizações da sociedade civil partícipes. Configurado o impedimento, deverá ser designado gestor ou membro substituto que possua qualificação técnica equivalente à do substituído.

As parcerias serão formalizadas mediante a celebração de termo de colaboração, de termo de fomento ou de acordo de cooperação, conforme o caso, que terá como cláusulas essenciais:

a) a descrição do objeto pactuado;

b) as obrigações das partes;

c) quando for o caso, o valor total e o cronograma de desembolso;

d) a contrapartida, quando for o caso;

e) a vigência e as hipóteses de prorrogação;

f) a obrigação de prestar contas com definição de forma, metodologia e prazos;

g) a forma de monitoramento e avaliação, com a indicação dos recursos humanos e tecnológicos que serão empregados na atividade ou, se for o caso, a indicação da participação de apoio técnico;

h) a obrigatoriedade de restituição de recursos, nos casos previstos;

i) a definição, se for o caso, da titularidade dos bens e direitos remanescentes na data da conclusão ou extinção da parceria e que, em razão de sua execução, tenham sido adquiridos, produzidos ou transformados com recursos repassados pela Administração Pública;

j) a prerrogativa atribuída à Administração Pública para assumir ou transferir a responsabilidade pela execução do objeto, no caso de paralisação, de modo a evitar sua descontinuidade;

k) quando for o caso, a obrigação de a organização da sociedade civil manter e movimentar os recursos em conta bancária específica;

l) livre acesso dos agentes da Administração Pública, do controle interno e do Tribunal de Contas correspondente aos processos, aos documentos e às informações relacionadas a termos de colaboração ou a termos de fomento, bem como aos locais de execução do respectivo objeto;

m) a faculdade dos partícipes rescindirem o instrumento, a qualquer tempo, com as respectivas condições, sanções e delimitações claras de responsabilidades, além da estipulação de prazo mínimo de antecedência para a publicidade dessa intenção, que não poderá ser inferior a 60 (sessenta) dias;

n) a indicação do foro para dirimir as dúvidas decorrentes da execução da parceria, estabelecendo a obrigatoriedade da prévia tentativa de solução administrativa, com a participação de órgão encarregado de assessoramento jurídico integrante da estrutura da Administração Pública;

o) a responsabilidade exclusiva da organização da sociedade civil pelo gerenciamento administrativo e financeiro dos recursos recebidos, inclusive no que diz respeito às despesas de custeio, de investimento e de pessoal;

p) a responsabilidade da OSC pelo pagamento dos encargos trabalhistas, previdenciários, fiscais e comerciais relacionados à execução do objeto previsto no termo de colaboração ou de fomento, não implicando responsabilidade solidária ou subsidiária da Administração Pública a inadimplência da organização da sociedade civil em relação ao referido pagamento, os ônus incidentes sobre o objeto da parceria ou os danos decorrentes de restrição à sua execução.

Há a previsão da possibilidade dos entes federados criarem seus próprios sistemas de cadastramento de fornecedores, a despeito do Sistema de Cadastramento Unificado de Fornecedores – SICAF, mantido pela União, que ficará disponibilizado a todos os entes federados.

Mediante autorização da União, os Estados, os Municípios e o Distrito Federal poderão aderir ao Sistema de Gestão de Convênios e Contratos de Repasse – SICONV para utilizar suas funcionalidades no cumprimento da Lei nº 13.019/2014. Até que seja viabilizada a adaptação do SICONV ou de seus correspondentes nas demais unidades da federação, serão utilizadas as rotinas previstas antes da entrada em vigor da Lei nº 13.019/2014 para o repasse de recursos a OSCs decorrentes de parcerias celebradas, e os Municípios de até cem mil habitantes serão autorizados a efetivar a prestação de contas e os atos dela decorrentes sem utilização da plataforma eletrônica.

A possibilidade de alteração dos instrumentos de formalização de parcerias prevista na Lei nº 13.01/2014 é rapidamente tratada na seção VI em apenas três artigos: 55, 56 e 57, sendo que um deles foi revogado (artigo 56) e os outros dois tiveram sua redação modificada.

A lei apenas trata da alteração da vigência da parceria e da alteração de valores e metas do plano de trabalho. Em relação à vigência da parceria, sua alteração ocorre mediante solicitação da OSC, a ser apresentada à Administração Pública em até trinta dias antes do termo previsto inicialmente. Poderá ocorrer a prorrogação de ofício (pela Administração Pública) da vigência do termo de colaboração ou de fomento quando ela der causa a atraso na liberação de recursos financeiros, limitada ao exato período do atraso verificado. No que se refere ao plano de trabalho da parceria, este poderá ser revisto para alteração de valores ou de metas, mediante termo aditivo ou por apostila ao plano de trabalho original.

Acredita-se que, mesmo com a pouca previsão de alteração, não devem ser aplicadas as disposições da Lei nº 8.666/93, por não se adequarem ao contexto das parcerias com o Terceiro Setor. Dessa forma, eventual alteração do instrumento de formalização deverá ser acordada, primeiramente, entre os entes parceiros, para a adaptação da realidade e publicada em sítio eletrônico oficial. Cabe notar que tal alteração deve ser apenas para se adequar à realidade, que muitas vezes não tem resultado mensurável quando se fala de atividades de interesse público, como saúde e educação. A publicação servirá para eventual controle do que está sendo realizado pela parceria.

3.6   Extinção das parcerias

Entre as possibilidades de extinção das parcerias, estão previstas as seguintes:

a) conclusão da parceria (termo final) e execução total do objeto;

b) inexecução da parceria por culpa exclusiva da OSC, hipótese na qual a Administração Pública poderá, exclusivamente para assegurar o atendimento de serviços essenciais à população, por ato próprio e independentemente de autorização judicial, a fim de realizar ou manter a execução das metas ou atividades pactuadas: (i) retomar os bens públicos em poder da organização da sociedade civil parceira, qualquer que tenha sido a modalidade ou título que concedeu direito de uso de tais bens; (ii) assumir a responsabilidade pela execução do restante do objeto previsto no plano de trabalho, no caso de paralisação, de modo a evitar sua descontinuidade, devendo ser considerado na prestação de contas o que foi executado pela organização da sociedade civil até o momento em que a Administração assumiu essas responsabilidades;

c) rescisão do instrumento de formalização da parceria por acordo entre os entes parceiros, que poderá ser feita a qualquer momento, com a definição das respectivas condições, sanções e delimitações claras de responsabilidades, além da estipulação de prazo mínimo de antecedência para a publicidade dessa intenção, que não poderá ser inferior a 60 (sessenta) dias; e

d) No caso das parcerias firmadas por prazo indeterminado antes da data de entrada em vigor da Lei nº 13.019/2014, ou prorrogáveis por período superior ao inicialmente estabelecido, no prazo de até um ano após a data da entrada em vigor desta Lei, serão, alternativamente: (i) substituídas pelos instrumentos de formalização previstos na lei; ou (ii) objeto de rescisão unilateral pela Administração Pública. Na segunda hipótese há extinção da parceria.

Não há previsão de inexecução da parceria por culpa exclusiva da Administração Pública. Também não está clara a hipótese de rescisão se apenas um dos entes parceiros a desejaram, pois a redação da lei deixa a entender que a hipótese é de comum acordo para que haja a rescisão.

Por ocasião da conclusão, denúncia, rescisão ou extinção da parceria, os saldos financeiros remanescentes, inclusive os provenientes das receitas obtidas das aplicações financeiras realizadas, serão devolvidos à Administração Pública no prazo improrrogável de trinta dias, sob pena de imediata instauração de tomada de contas especial do responsável, providenciada pela autoridade competente da Administração Pública.

Se a OSC, no curso da parceria, adquirir bens com os recursos advindos das parcerias, o bem não poderá ser alienado, pois estará gravado com cláusula de inalienabilidade, devendo a OSC formalizar uma promessa de transferência da propriedade para a Administração caso a parceria seja extinta.

No instrumento de formalização da parceria deverá estar definida a titularidade dos bens e direitos remanescentes na data da conclusão ou extinção da parceria e que, em razão de sua execução, tenham sido adquiridos, produzidos ou transformados com recursos repassados pela Administração Pública.

Para a celebração das parcerias, a OSC deverá ser regida por normas de organização interna que prevejam que, em caso de dissolução da entidade, o respectivo patrimônio líquido seja transferido a outra pessoa jurídica de igual natureza que preencha os requisitos da lei e cujo objeto social seja, preferencialmente, o mesmo da entidade extinta.

3.7 Responsabilidade e sanções

O Capítulo V da Lei nº 13.019/2014 trata das responsabilidades e sanções administrativas às entidades do Terceiro Setor. A lei altera os artigos 10, 11 e 23 da Lei nº 8.429, de 2 de junho de 1992 (Lei de Improbidade Administrativa), prevendo novas modalidades de improbidade ligadas às parcerias do Estado com o Terceiro Setor.

Entre as responsabilidades, verifica-se a responsabilidade exclusiva da entidade pelo gerenciamento administrativo e financeiro dos recursos recebidos pelo pagamento dos encargos trabalhistas, previdenciários, fiscais e comerciais relativos ao funcionamento da instituição e ao adimplemento do termo de colaboração ou termo de fomento; a responsabilidade da entidade ou do dirigente pelo ressarcimento ao erário; a responsabilidade solidária da autoridade administrativa competente caso não apure as irregularidades da prestação de contas feita pela entidade.

Há também responsabilização penal, civil e administrativa para a restituição aos cofres públicos do administrador público, do gestor do termo, da entidade e seus dirigentes, bem como do agente público que assinar parecer concluindo indevidamente pela capacidade técnico-operacional de entidade. O parecerista também será responsabilizado pelas atividades que forem realizadas em desacordo com aquilo que tenha sido atestado no parecer.

Interessante observar que a inadimplência da Administração Pública não transfere à OSC a responsabilidade pelo pagamento de obrigações vinculadas à parceria com recursos próprios. Ademais, a inadimplência da OSC em decorrência de atrasos na liberação de repasses relacionados à parceria não pode acarretar restrições à liberação de parcelas subsequentes.

A lei determina que é de responsabilidade exclusiva da OSC o gerenciamento administrativo e financeiro dos recursos recebidos, inclusive no que diz respeito às despesas de custeio, de investimento. Ademais, determina que é responsabilidade da OSC o pagamento dos encargos trabalhistas, previdenciários, fiscais e comerciais relacionados à execução do objeto previsto no termo de colaboração ou de fomento, não implicando responsabilidade solidária ou subsidiária da Administração Pública a inadimplência da organização da sociedade civil em relação ao referido pagamento, os ônus incidentes sobre o objeto da parceria ou os danos decorrentes de restrição à sua execução. Ambas as previsões podem ser criticadas, pois, na medida em que são "entes parceiros", devem ser tratados pela lei como tais, com divisões de responsabilidades. Houve uma proteção exacerbada da Administração Pública que pode prejudicar a concretização das parcerias, pois muitas vezes as OSCs são entidades de pequeno porte com pouca experiência em gestão e a Administração, como ente parceira, poderá e deverá auxiliar, e não apenas deixar a parceria e todos os seus encargos para a OSC apenas porque houve o repasse do recurso público.

Ademais, apesar de o pagamento de remuneração da equipe contratada pela OSC com recursos da parceria não gerar vínculo trabalhista com o Poder Público, poderá ser a Administração Pública responsabilizada subsidiariamente pelo pagamento das dívidas trabalhistas caso seja utilizado o entendimento do STF em relação às empresas terceirizadas quando forem comprovadas falhas na fiscalização que gerem prejuízo ao trabalhador (*culpa in vigilando*).[55]

Em caso de execução inadequada da parceria, ou seja, em desacordo com o plano de trabalho, poderão ser aplicadas as penalidades de: a) advertência; b) suspensão temporária de participação em chamamentos públicos e impedimento de celebrar parcerias por até dois anos; e c) declaração de inidoneidade.

O artigo 73, parágrafo 1º, determina que as sanções previstas no inciso II (suspensão temporária da participação em chamamento público e impedimento de celebrar parcerias, por prazo não superior a dois anos) e no inciso III (declaração de inidoneidade para participar de chamamento público e celebrar parcerias) são de competência exclusiva de Ministro de Estado ou de Secretário Estadual, Distrital ou Municipal, conforme o caso, facultada a defesa do interessado no respectivo processo, no prazo de dez dias da abertura de vista, podendo a reabilitação ser requerida após dois anos de aplicação da penalidade.

A Lei nº 13.019/2014 alterou a Lei Federal nº 8.429/92, criando novas hipóteses expressas de atos de improbidade. Dentre os atos que causam dano ao erário, passaram a ser considerados atos de improbidade, dentre outros: 'frustrar, burlar ou dispensar indevidamente chamamento público, permitir a utilização dos recursos transferidos via parceria sem a observância das formalidades legais,

---

[55] Apesar de a Ação Direta de Constitucionalidade nº 16 do STF julgar constitucional o artigo 71, §1º, da Lei nº 8.666/93, é possível responsabilizar o ente público na seara trabalhista, o que não implica afronta à constitucionalidade da Lei de Licitações ou mesmo ofensa à Súmula Vinculante nº 10 do STF. Ocorre que a Administração não responde pelo simples inadimplemento do contrato frente às obrigações trabalhistas, mas responde sim, subsidiariamente, quando exerce mal ou não exerce a fiscalização do contrato administrativo (*culpa in vigilando*) e, em consequência, gera prejuízos ao trabalhador.

ser negligente em celebrar, fiscalizar e analisar as prestações de contas e liberar recursos irregularmente'. Dentre os atos que atentam contra os princípios da Administração Pública, passou a ser considerado ato de improbidade: 'descumprir normas referentes à celebração, fiscalização e aprovação de contas das parcerias.

A lei foi omissa acerca de ressarcimento integral do dano. Entende-se que ressarcimento do dano não é uma sanção, mas uma consequência natural do dano, devendo ser reposto o dano causado. Ainda que inexistente previsão legal expressa, o Estado deve buscar o ressarcimento do dano, seja na seara administrativa ou judicial.

Em relação ao prazo para tanto, o STF entendeu, em 2016, em sede de repercussão geral, que o ressarcimento ao erário público submete-se ao prazo prescricional, salvo aquele decorrente de ato de improbidade administrativa.

A ação de reparação de danos à Fazenda Pública decorrente de ilícito civil prescreve em cinco anos. A tese foi fixada pelo Supremo Tribunal Federal[56] dia 03.02 ao julgar um recurso extraordinário com repercussão geral reconhecida. A decisão, entretanto, não alcança prejuízos que decorram de ato de improbidade administrativa.

Assim, é prescritível a ação de reparação de danos à Fazenda Pública decorrente de ilícito civil. Dito de outro modo, se o Poder Público sofreu um dano ao erário decorrente de um ilícito civil e deseja ser ressarcido, ele deverá ajuizar a ação no prazo prescricional previsto em lei.

3.8 Recursos administrativos

A Lei nº 13.019/2014 pouco aborda as possibilidades do exercício do direito de recorrer, deixando para o edital de chamamento público todas essas disposições, especialmente quando as OSCs ou as pessoas em geral querem exercer esse direito.

É possível verificar que o direito de impugnação está relacionado à justificativa de dispensa ou inexigibilidade de chamamento público, sendo admitida a impugnação à justificativa, apresentada no prazo de cinco dias a contar de sua publicação, cujo teor deve ser analisado pelo administrador público responsável em até cinco dias da data do respectivo protocolo. Nesse caso, havendo fundamento na impugnação,

---

[56] STF. Plenário. RE 669069/MG, Rel. Min. Teori Zavascki, julgado em 03.02.2016 (repercussão geral).

será revogado o ato que declarou a dispensa ou considerou inexigível o chamamento público, e será imediatamente iniciado o procedimento para a realização do chamamento público.

No entanto, há assuntos que precisam do exercício do direito de impugnação para dar mais legitimidade aos processos de decisões no âmbito da parceria ou no procedimento anterior à escolha. Foram detectados os seguintes assuntos em que não há previsão de recurso administrativo:

a) ato convocatório (o próprio edital de chamamento);

b) OSC escolhida para a parceria;

c) PMIS escolhido;

d) sanções inferidas às OSCs. Apenas há a previsão de defesa (direito constitucional, mecanismo para o exercício do contraditório e ampla defesa, garantido aos litigantes também nos processos administrativos – art. 5º, LV, CF) e de reabilitação, que pode ser requerida após dois anos de aplicação da penalidade;

e) emissão de parecer técnico ou jurídico desfavorável.

O legislador não tratou sobre o direito de impugnação para esses temas, gerando um problema interpretativo cuja superação requer a aplicação de certas normas constitucionais.

Para tanto, com base nelas é possível superar tal lacuna, por ser a impugnação um direito fundamental de petição (art. 5º, XXXIV, "a"), pelo fato de o direito de impugnação ser um mecanismo de controle à luz de princípios centrais da Administração Pública, como a moralidade e a legalidade (art. 37, CF).

Ademais, não há um óbice à impugnação, podendo ser empregado o prazo geral de cinco dias contido na Lei de Processo Administrativo (Lei nº 9.784/1999), que determina que "inexistindo disposição específica, os atos do órgão ou autoridade responsável pelo processo e dos administrados que dele participem devem ser praticados no prazo de cinco dias, salvo motivo de força maior".

CONSIDERAÇÕES FINAIS

A presente obra tratou sobre o regime jurídico das parcerias do Estado com as Organizações da Sociedade Civil e estruturou, desenvolveu e apresentou um substrato doutrinário sobre o assunto. Para tanto, a obra foi separada em três partes.

Na primeira parte foi possível verificar o contexto do surgimento das parcerias do Estado com o Terceiro Setor e das parcerias no Direito brasileiro. Também foram analisadas as técnicas de fomento utilizadas nas parcerias da Administração Pública com o setor privado. As entidades do Terceiro Setor exercem atividades de interesse público e expressam o valor constitucional da solidariedade.

Para caracterizar a atividade administrativa de fomento, é importante ressaltar o renomado jurista espanhol Jordana de Pozas. Na caracterização de fomento, ele utiliza as seguintes características: atividade administrativa (ação da Administração título de intervenção na economia), com um aspecto negativo (o Estado não usa a coação, nem cria serviços públicos, não manda, nem assume diretamente a titularidade da atividade), com conteúdo positivo (o Estado favorece a atuação, ampliando a esfera de Direito do particular) e caráter teleológico (busca de uma finalidade de interesse geral) (POZAS, 1949, p. 46 a 50).

Importantes trabalhos foram realizados para o estudo do Terceiro Setor, em especial o Anteprojeto de Lei Orgânica da Administração Pública Federal e Entes de Colaboração e os estudos do Projeto Pensando o Direito sobre a Modernização do sistema de convênio da Administração Pública com a sociedade civil e o Estado Democrático de Direito e Terceiro Setor (Anteprojeto do Estatuto do Terceiro Setor). Tais estudos auxiliaram a compreensão e a relação das parcerias do Estado com o Terceiro Setor, além de trazerem ideias inovadoras para futuras implementações legislativas.

Finalizando a primeira parte do trabalho, são apresentadas disposições que acentuam a necessidade de formalização das parcerias com o Terceiro Setor por instrumentos escritos, em que sejam definidas claramente as obrigações, responsabilidades e direitos dos entes parceiros.

Na segunda parte da obra foram verificadas as circunstâncias em que a Lei nº 13.019/2014 surgiu no ordenamento jurídico brasileiro e, além do recorte histórico, também foi explicado o enquadramento como Organização da Sociedade Civil no Direito brasileiro, caracterizando as possíveis naturezas jurídicas das entidades. Ademais, para ter acesso aos benefícios da lei, a entidade precisará ter no seu estatuto social finalidades de interesse público enumeradas na legislação. No segundo capítulo é delimitada a abrangência da lei e as hipóteses de aplicabilidade e inaplicabilidade.

Na análise do contexto de surgimento da lei observou-se que a Lei nº 13.019/2014 situa-se no movimento de combate à corrupção no Brasil, em que há inúmeras respostas legislativas e tentativas de moralização das parcerias do Estado com as OScs, especialmente diante do papel de destaque assumido por essas entidades no Brasil desde meados da década de 1990, com o surgimento de leis importantes para o Terceiro Setor, reconstruindo instrumentos jurídicos de incentivo a Organizações da Sociedade Civil, principalmente com o intuito de preencher vazios deixados pelo Estado no que tange ao exercício de atividades de interesse publico. O Estado passou a assumir posição central de regulador e fomentador.

O intuito da lei era dar maior segurança jurídica para os envolvidos nas parcerias, vez que não será necessária a busca de normas esparsas, mas há a concentração e o detalhamento em um único diploma. A pretensão era concentrar o núcleo normativo básico desse regime jurídico. Cabe notar que as hipóteses de aplicação da lei não atingem as leis esparsas específicas que continuarão valendo e, em caso de conflito, em princípio, valerá a lei especial (ex.: Lei das OS, Lei das OSCIP, etc.).

Ainda no capítulo dois, foi sistematizado o conteúdo da Lei nº 13.019/2014 nas cinco fases divulgadas pela Secretaria Geral da Presidência da República (planejamento, seleção, execução, monitoramento e avaliação e prestação de contas) para a compreensão de uma síntese da normativa e dos pontos principais dessa legislação que estabeleceu um novo regime jurídico das parcerias. Pode-se dizer que no capítulo dois já são delineados aspectos importantes do regime jurídico das parcerias do Estado com as OSCs e que serão aprofundados no último capítulo.

O capítulo dois tem ampla relação com o capítulo três, pois enquanto no capítulo dois são trazidos tópicos gerais do regime jurídico das parcerias com as OSCs, o capítulo três traz proposições mais profundas sobre esse regime jurídico.

Assim, no último capítulo da obra é debatido o regime jurídico das parcerias do Estado com as OSCs, primeiramente inserindo-o como um regime contratual, em vista das relações de parcerias serem formalizadas pelos instrumentos contratuais de pactuação denominados termo de colaboração, termo de fomento e acordo de cooperação.

A Lei nº 13.019/2014 não prevê grandes diferenças aos instrumentos de formalização das parcerias. Pela leitura da lei, a diferença básica prevista é a seguinte: o termo de colaboração formaliza as parcerias que tenham finalidades de interesse público e recíproco e que foram propostas pela Administração Pública envolvendo a transferência de recursos financeiros; o termo de fomento formaliza tais parcerias, mas que foram propostas pelas OSCS; já o acordo de cooperação, instrumento que teve seu tratamento marginalizado, formaliza as parcerias que não envolvam recursos públicos.

O legislador, caso tivesse o intuito de diferenciar os instrumentos do termo de colaboração e do termo de fomento, deveria ter acentuado as mudanças na previsão legislativa dos respectivos regimes jurídicos, particularmente na forma de proposição das parcerias, na prestação de contas, na execução e no direcionamento dos recursos públicos. Pela leitura da Lei nº 13.019/2014, a única diferença visível é a do sujeito que irá propor a parceria, sendo aplicado o mesmo regime jurídico.

É possível que a prática diferencie esses institutos e possa dissociar quais institutos poderão ser aplicados no caso concreto. Dessa forma, é interessante que sejam expedidos decretos regulamentadores ou atos normativos setoriais que facilitem a diferenciação do termo de colaboração e do termo de fomento no cotidiano.

Outrossim, poderia ser previsto um regime jurídico simplificado para as parcerias de pequeno de vulto, com flexibilização dos requisitos de celebração das parcerias, da formalização do instrumento e da prestação de contas.

Ademais, para evitar eventuais alegações de inconstitucionalidades, especialmente no que se refere ao termo de colaboração, deve haver limites às atividades que podem ser exercidas pelas parcerias, para que não sejam utilizadas para a transferência direta de execuções de serviços públicos.

A Lei nº 13.019/2014 pretende ser uma lei que estabelece normas gerais de um novo regime jurídico e há embasamento constitucional para isso. Ocorre que, ao pretender isso, deve deixar disposições que permitam a regulamentação pelos Estados e Municípios e não deve se ater a minúcias ao tratar de determinado instituto. Nesse sentido, a Lei nº 13.204/2015 foi importante por trazer previsões mais brandas, sem estipulação de valores e com menos exigências às OSCs, alterando substancialmente a lei de 2014.

As OSCs e os gestores públicos estão receosos na aplicação da nova legislação e muitas vezes utilizam regimes jurídicos já conhecidos empregando as titulações de OSCIP, OS ou CEBAS, e o recente Programa Nacional de Publicização é uma evidência dessa tendência de fuga, verificando-se que nem mesmo o Governo tem incentivado a implementação da Lei nº 13.019/2014, lembrando que o decreto do Programa Nacional de Publicização e a Lei nº 13.019/2014 foram assinados por Presidentes da República diferentes, comprovando-se também um embate político nesse sentido.

São 781.921 Organizações da Sociedade Civil empregando mais de 2 milhões de trabalhadores e movimentando mais de 20 bilhões de reais em parcerias, no entanto, um valor ínfimo das parcerias firmadas se dá através dos instrumentos previstos pela Lei nº 13.019/2014.

Outrossim, poucas OSCs firmam parcerias com o Estado e os motivos podem ser vários, como a burocracia, a falta de conhecimento, a dificuldade de implementação do regime jurídico, etc. Dessa forma, deve haver um incentivo à utilização de parcerias para que o Poder Público e as OSCs possam realizar as parcerias adequadamente, visando a concretização de interesses sociais mútuos.

A Lei nº 13.019/2014 trouxe menos disposições sobre os poderes exorbitantes da Administração Pública nas parcerias quando comparada à Lei nº 8.666/93, que traz um tratamento mais rígido. Isso tem consequências mais positivas do que negativas. As consequências positivas são que não há tanta interferência estatal, deixando que a parceria possa fluir e buscar resultados com maior flexibilidade, não engessando as atividades e finalidades almejadas que podem ter metas variadas, em vista da heterogeneidade das OSCs. No entanto, é preciso ficar atento, pois a falta de tratamento abre espaço para interpretações errôneas e aplicações de institutos que não se adéquem ao tema.

Também há poucas disposições sobre as possibilidades de alteração do instrumento de formalização da parceria, o que não resulta na necessidade de aplicação da Lei nº 8.666/93, evidenciada pelo seu expresso afastamento pelo artigo 84 da Lei nº 13.019/2014, devendo o edital de chamamento público ou eventual decreto regulamentador tratar do assunto.

No que se refere à extinção da parceria, a lei prevê quatro possibilidades: a) conclusão da parceria e execução total do objeto; b) inexecução da parceria por culpa exclusiva da OSC; c) rescisão do instrumento de formalização da parceria por acordo entre os entes parceiros; e d) rescisão unilateral pela Administração Pública no caso das parcerias firmadas por prazo indeterminado antes da data de entrada em vigor da Lei nº 13.019/2014. Faltam previsões de extinção da parceria na hipótese de inexecução da parceria por culpa exclusiva da Administração Pública (como o não pagamento) e de rescisão se apenas um dos entes parceiros a desejaram, pois a redação da lei deixa a entender que a hipótese é de comum acordo para que haja a rescisão.

Verifica-se que é incumbida às OSCs grande parte das responsabilidades das parcerias, como a responsabilidade exclusiva da OSC quanto ao gerenciamento administrativo e financeiro dos recursos recebidos, os ônus incidentes sobre o objeto da parceria, os danos decorrentes de restrição à sua execução e a responsabilidade da OSC pelo pagamento dos encargos trabalhistas, previdenciários, fiscais e comerciais relacionados à execução do objeto previsto, não implicando responsabilidade solidária ou subsidiária da Administração Pública. Tais previsões podem ser criticadas, pois são "entes parceiros", e devem ser tratadas pela lei como tais, com divisão de algumas responsabilidades ou, ao menos, disponibilização de recursos (humanos ou materiais) que facilitem a execução do objeto, além da realização dos cursos de capacitação.

Quanto às sanções, estipuladas no art. 73 da lei, são três hipóteses: a) advertência; b) suspensão temporária de participação em chamamentos públicos e impedimento de celebrar parcerias por até dois anos; e c) declaração de inidoneidade, que estão previstas num rol taxativo.

Outro assunto pouco abordado pela Lei nº 13.019/2014 foram os recursos administrativos, principalmente nas hipóteses quanto: a) ao ato convocatório (o próprio edital de chamamento); b) à OSC escolhida para a parceria; c) ao PMIS escolhido; d) às sanções aplicadas às OSCs; e e) à emissão de parecer técnico ou jurídico desfavorável. Nessas hipóteses, poderá ser utilizado o direito de impugnação pelas disposições constitucionais que garantem o direito de petição e os princípios da moralidade e da legalidade da Administração Pública.

Assim, poderia ser empregado nesses casos o prazo geral de cinco dias contido na Lei de Processo Administrativo Federal (Lei nº 9.784/1999), que determina que "inexistindo disposição específica, os atos do órgão ou autoridade responsável pelo processo e dos administrados que dele participem devem ser praticados no prazo de cinco dias, salvo motivo de força maior".

Cabe notar que a previsão de um novo regime jurídico no direito positivo não faz com que a realidade da Administração Pública e das parcerias com o Terceiro Setor seja modificada abruptamente e também não resolve todos os problemas práticos, pois há influência de diversos fatores para que um novo regime jurídico seja valorizado e implementado, como o conhecimento e interesse dos gestores públicos e gestores de OSCs, necessidade de um contexto de valorização das parcerias e respeito às diferenças existentes entre as Organizações da Sociedade Civil existentes.

A Lei nº 13.019/2014 trouxe boas inovações ao tratamento jurídico das parcerias do Estado com as OSCs, com o intuito de uniformizar a legislação sobre as parcerias com as OSCs; a atuação em rede que permite uma maior integração entre OSCs grandes e pequenas; as Comissões de Monitoramento e Avaliação; os Conselhos de Fomento e Colaboração; o Procedimento de Manifestação de Interesse Social; a possibilidade de remuneração das equipes de trabalho com recursos das parcerias; a possibilidade de pagamento dos custos indiretos com recursos das parcerias, etc.

No entanto, a lei precisa de alguns ajustes antes de ser considerada um marco regulatório do Terceiro Setor, pois é uma lei muito extensa que se propõe a tratar de muitos assuntos, mas não se aprofunda e não prevê mecanismos de implementação para diversos institutos. A "superlegalização" pode trazer complexidades acentuadas às parcerias e engessar a atividade do gestor público ao celebrar a parceria, principalmente em Municípios pequenos que não têm tanto acesso aos programas de capacitação. Isso poderia indicar um caráter "elitizador", indício também encontrado pelo fato de as OSCs participantes do Grupo de Trabalho para elaboração da lei serem todas de grande porte. Ao tratar, por exemplo, de controle, a lei não se aprofunda no assunto e apenas relata que a priorização será no controle de resultados. Todavia, os gestores das OSCs que nunca tiveram contato com esse tipo de controle possivelmente terão dificuldade ao realizá-lo na prática e os órgãos de controle que não estejam acostumados com o controle de resultados podem prejudicar a efetivação do instituto.

Há uma grande diferença entre o direito positivo e a realidade das parcerias com as OSCs, pois são entidades de diversos tamanhos e que realizam atividades em diversas áreas de interesse público. Dessa forma, as normas gerais do regime jurídico apresentado são interessantes para uniformizar o tratamento jurídico do assunto, mas não foram suficientes para suprir todas as demandas que se desejava para a lei.

REFERÊNCIAS

ABONG. Lei nº 13.019/2014: fortalecer a sociedade civil e ampliar a democracia. Plataforma por um Novo Marco Regulatório para as Organizações da Sociedade. 2015.

ALVES, C. V. O. *Organizações da sociedade civil de interesse público e termos de parceria:* um estudo sobre o processo de avaliação de resultados dos projetos sociais desenvolvidos com recursos governamentais no Brasil. Anais, São Paulo: EAC/FEA/USP, 2006.

ALVES, M. A.; KOGA, N. M. Brazilian nonprofit organizations and the new legal framework: an institutional perspective. *Rev. Adm. Contemp (RAC)*, Curitiba, vol. 10, p. 213-234, Edição Especial 2006.

ANTEPROJETO DE LEI ORGÂNICA DA ADMINISTRAÇÃO PÚBLICA FEDERAL E ENTES DE COLABORAÇÃO. Comissão de Juristas constituída pela Portaria nº 426, de 6 de dezembro de 2007, do Ministério do Planejamento, Orçamento e Gestão, 2009.

ANTONOVZ, T.; SANTOS, M. R.; CORREA, M. D.; PACHECO, V. *Transparência e Controle Social*: Uma Análise das Transferências Voluntárias da União entre 2008 e 2016 Registradas no SICONV. XX SEMEAD – Seminários em Administração, novembro 2017.

ARAGÃO, A. S. *Direito dos serviços públicos*. Rio de Janeiro: Forense, 2008.

BANDEIRA DE MELLO, C. A. *Conteúdo Jurídico do Princípio da Igualdade*. 3. ed. São Paulo: Malheiros Editores, 2000.

BANDEIRA DE MELLO, C. A. *Curso de Direito Administrativo*. São Paulo: Malheiros Editores, 2013.

BANDEIRA DE MELLO, C. A. *Grandes Temas de Direito Administrativo*. São Paulo: Malheiros Editores, 2009.

BARBOSA, M. N. L. A experiência dos termos de parcerias entre o poder público e as organizações da sociedade civil de interesse público (OSCIPS). *In:* SUNDFELD, C. (Org.). *Parcerias Público-Privadas*. 2. ed. v. 1. São Paulo: Malheiros Editores Ltda., 2011, p. 522-562.

BATANA, S. P. F. F. *As organizações da sociedade civil como instrumento de aperfeiçoamento da democracia brasileira da atualidade:* uma análise a partir da Lei 13.019/14. Obra de Mestrado apresentada à Universidade Católica de Brasília. Brasília, 2016.

BOBBIO, N. *Da Estrutura à Função*: Novos Estudos de Teoria do Direito. Barueri: Manole, 2007.

BRASIL, PRESIDÊNCIA DA REPÚBLICA. Plano diretor da reforma do aparelho do Estado. Brasília: Câmara da Reforma do Estado. Brasília, 1995. Disponível em: http://www.bresserpereira.org.br/Documents/MARE/PlanoDiretor/planodiretor.pdf. Acesso em: 18 fev. 2021.

BRASIL. Lei nº 13.019, de 31 de julho de 2014. Estabelece o regime jurídico das parcerias entre a administração pública e as organizações da sociedade civil, em regime de mútua cooperação, para a consecução de finalidades de interesse público e recíproco, mediante a execução de atividades ou de projetos previamente estabelecidos em planos de trabalho inseridos em termos de colaboração, em termos de fomento ou em acordos de cooperação; define diretrizes para a política de fomento, de colaboração e de cooperação com organizações da sociedade civil; e altera as Leis nᵒˢ 8.429, de 2 de junho de 1992, e 9.790, de 23 de março de 1999. Redação dada pela Lei nᵒ 13.204, de 2015. Brasília, 2014. Disponível em: http://www.planalto.gov.br/ccivil_03/_Ato2011-2014/2014/Lei/L13019. htm. Acesso em: 18 fev. 2021.

BRASIL. Lei nᵒ 9.790, de 23 de março de 1999. Dispõe sobre a qualificação de pessoas jurídicas de direito privado, sem fins lucrativos, como Organizações da Sociedade Civil de Interesse Público, institui e disciplina o Termo de Parceria, e dá outras providências. Brasília, 1999. Disponível em: http://www.planalto.gov.br/ccivil_03/leis/l9790.htm. Acesso em: 18 fev. 2021.

BRASIL. Lei nᵒ 9. 637, de 15 de maio de 1998. Dispõe sobre a qualificação de entidades como organizações sociais. Diário Oficial da União, Brasília, DF. 18 maio 1998. Seção 1, página 8. Acesso em: 12 set. 2014.

BRASIL. Congresso Nacional. Comissão Parlamentar de Inquérito "das ONGs". Relatório final da "CPI das ONGs". 2010. Brasília. Disponível em: https://www2.senado.leg.br/bdsf/bitstream/handle/id/194594/CPIongs.pdf?sequence=6. Acesso em: 18 fev. 2021.

BRASIL. Ministério da Justiça. FUNDAÇÃO SÃO PAULO; JUNQUEIRA, L. O.; FIQUEREDO, M. (Coord.). Modernização do sistema de convênio da Administração Pública com a sociedade civil. *Série Pensando o Direito*, n. 41, 2012.

BRASIL. Ministério da Justiça. INSTITUTO PRO BONO; OLIVEIRA, G. H. J. (Coord.). Estatuto Jurídico do Terceiro Setor: pertinência, conteúdo e possibilidade de configuração normativa. *Série Pensando o Direito*, n. 16, 2009a.

BRASIL. Ministério do Planejamento, Orçamento e Gestão. *Anteprojeto de Lei Orgânica da Administração Pública Federal e Entes de Colaboração*. Comissão de Juristas constituída pela Portaria nᵒ 426, de 6 de dezembro de 2007. 2009b.

BRESSER PEREIRA, L. C. *Reforma do Estado para a cidadania*: a reforma gerencial brasileira na perspectiva internacional. Brasília: Enap, 1998.

BROWN, L. D.; COVEY, J. G.; LEACH, M. *Organization Development for Social Change*. HANDBOOK OF ORGANIZATION DEVELOPMENT, Sage Publications, 2004.

CARVALHO, C.; PEIXOTO, M. M. (Coord.). *Aspectos jurídicos do terceiro setor*. 1. ed. São Paulo: Thomson IOB, 2005.

CARVALHO FILHO, J. S. Regime Jurídico dos termos de colaboração, termos de fomento e acordos de cooperação. *In*: MOTTA, F.; MÂNICA, F. B.; OLIVEIRA, R. A. (Coord.). *Parcerias com o Terceiro Setor – As inovações da Lei nᵒ 13.019/2014*. 1. ed. Belo Horizonte: Fórum, v. 1, p. 87-108, 2017.

CESÁRIO, N. A. As Organizações da Sociedade Civil nas Questões de Gênero e Etnia: A Atuação da Geledés no Combate à Violência. *In*: PRUDENTE E. A. J.; MARTORELLI, A. N. M.; V. G. T. (Org.). *Gênero, etnia e sexualidade*: mecanismos de prevenção à violência. São Paulo: Libers Ars, 2021. p. 193-206.

CESÁRIO, N. A. Instrumentos de formalização das parcerias previstos na Lei nᵒ 13.019/2014: limitações e potencialidades do seu regime jurídico. *Revista de Direito do Terceiro Setor*: RDTS, v. 12, n. 23, p. 67-86, jan./jun. 2018.

COELHO, S. C. T. *Terceiro Setor:* Um estudo comparado entre Brasil e Estados Unidos. 2. ed. São Paulo: Editora Senac São Paulo, 2002.

COUTINHO, D. R. O direito no desenvolvimento econômico. *In: Revista Brasileira de Direito Público*, Belo Horizonte, ano 10, n. 38, jul./set. 2012.

COUTINHO, Diogo Rosenthal. O direito nas políticas públicas. *In:* A política pública como campo multidisciplinar [S.l: s.n.], p. 282 : il, 2013.

DESIREE SALGADO, E.; CABRAL VIOLIN, T. O Marco Regulatório das Organizações da Sociedade Civil para as Políticas Públicas Relativas ao Direito da Cidade e suas Recentes Alterações. *Revista de Direito da Cidade*, vol. 9, n. 2, ISSN 2317-7721, p. 603-625

DI PIETRO, M. S. Z. *Direito Administrativo.* 25. ed. São Paulo: Atlas, 2012.

DI PIETRO, M. S. Z. *Parcerias na Administração Pública:* concessão, permissão, franquia, terceirização, parceria público-privada e outras formas. São Paulo: Atlas, 2011.

DIAS, M. T. F. *Terceiro setor e Estado:* legitimidade e regulação por um novo marco jurídico. Belo Horizonte: Fórum, 2008.

FERRAEZI. E. *OSCIP passo a passo:* saiba como obter a qualificação de Organização da Sociedade Civil de Interesse Público e firmar termo de parceria. Brasília, Distrito Federal: Agência de Educação para o Desenvolvimento, 2003.

FERRAREZI, E.; REZENDE, V. *Organização da Sociedade Civil de Interesse Público:* a lei 9.790/99 como alternativa para o terceiro setor. Brasília: Comunidade Solidária, 2000.

FGV Projetos. (2014). *Pesquisa sobre Organizações da Sociedade Civil e suas parcerias com o Governo Federal.* FGV Projetos. Disponível em: http://www.secretariadegoverno.gov.br/iniciativas/mrosc/estudos-e-pesquisas/sumario-executivo-fgv.pdf. Acesso em: 20 abr. 2017.

FIGUEIREDO LOPES, L.; ARAÚJO JR., E.; SOUZA, A.; SANT'ANA, D. (2013). As parcerias entre o Estado e as Organizações da Sociedade Civil no Brasil: a formação de uma agenda de mudança institucional e regulatória. *Novena Conferencia Regional de ISTR Santiago de Chile.* Disponível em: http://www.secretariadegoverno.gov.br/iniciativas/mrosc/estudos-e-pesquisas/sg-novena-conferencia. Acesso em: 20 abr. 2017.

FISCHER, R. M.. *Parcerias sociais na América Latina:* lições da colaboração entre empresas e organizações da sociedade civil. Banco Interamericano de Desenvolvimento. Rio de Janeiro: Elsevier, 2005.

FORTINI, C. (Coord.). *Terceirização na administração estudos em homenagem ao professor Pedro Paulo de Almeida Dutra.* Belo Horizonte: Fórum 2012.

FOWLER, A. *Striking a balance:* a guide to enhancing the effectiveness of nongovernmental organization in international development. London: Earthscan Publisher, 1997.

FRANCO, A. *Terceiro setor:* a nova sociedade civil e seu papel estratégico para o desenvolvimento. Brasília: AED, 2003.

GIACOMONI, J. A Lei de Diretrizes Orçamentárias e a política de aplicação das agências financeiras oficiais de fomento. *In: Revista de Informação Legislativa*, Brasília, n. 137, p. 265-280, 1998.

GOMES, C. P. B. O Papel das Organizações da Sociedade Civil (OSC) na Contemporaneidade. *Revista Digital de Direito Administrativo – RDDA*, vol. 4, n. 2, p. 20-38, 2017.

GOODIN, R. E. Democratic Accountability: The Third Sector and All. *Hauser Center for Nonprofit Organizations Working Paper*, n. 19, 2003.

GORDILLO, A. A. *Tratado de derecho administrativo*. Buenos Aires Fundación de Derecho Administrativo, 2009.

GRANZIERA, M. L. M. *Contratos administrativos*: gestão, teoria e prática. São Paulo: Atlas, 2002.

GROOT, T.; BUDDING, T. *New Public Management's Current Issues and Future Prospects*. Financial Accountability & Management, Forthcoming, 2007.

GROTTI, D. A. M. As Parcerias na Administração Pública. *In:* CARDOZO, J. E. M.; QUEIOZ, J. E. L.; SANTOS, M. W, B. (Org.). *Curso de Direito Administrativo Econômico*. São Paulo: Malheiros, 2006, p. 438-508.

GUIMARÃES, F. V. *Alteração unilateral do contrato administrativo*: interpretação de dispositivos da Lei 8.666/1993. São Paulo: Malheiros Editores, 2003.

HIGA, A. S. *Terceiro Setor da responsabilidade civil do Estado e do agente fomentado*. Belo Horizonte: Fórum 2010.

JUSTEN FILHO, M. *Comentários à lei de licitações e contratos administrativos*. São Paulo: Dialética, 2009.

JUSTEN FILHO, M. *Curso de direito administrativo*. São Paulo: Saraiva, 2010.

JUSTEN FILHO, M. *Teoria Geral das Concessões de Serviços Público*. São Paulo: Dialética, 2003.

LIMA, C. C.; MEDAUAR, O. *O convênio administrativo colaborativo para transferência de recursos públicos a entidades privadas sem fins lucrativos como instrumento dos mecanismos diretos de fomento público*. Obra de Mestrado. Departamento de Direito do Estado. Programa de Pós-Graduação da Faculdade de Direito da Universidade de São Paulo. 168 p. São Paulo, 2010.

MÂNICA, F. B. *Terceiro Setor e Imunidade Tributária*: teoria e prática. Belo Horizonte: Fórum, 2008.

MARQUES NETO, F. A. O Fomento como Instrumento de Intervenção Estatal na Ordem Econômica. *Revista de Direito Público da Economia – RDPE*, Belo Horizonte, ano 8, n. 32, p. 57-71, out./dez. 2010.

MARQUES NETO, F. A. Fomento. *In:* KLEIN, A. L.; MARQUES NETO, F. A. *Funções Administrativas do Estado*. São Paulo: Revista dos Tribunais, 2015, p. 405-508.

MARRARA, T. Identificação dos Convênios Administrativos no Direito Brasileiro. *Revista da Faculdade de Direito da Universidade de São Paulo*, v. 100, p. 551-571, jan./dez. 2005.

MARRARA, T. (Org.). *Princípios de Direito Administrativo*. São Paulo: Atlas, 2012.

MARRARA, T. As cláusulas exorbitantes diante da contratualização administrativa. *Revista de Contratos Públicos*, Belo Horizonte, v. 3, n. 3, mar./ago. 2013.

MARRARA, T. Parcerias sociais, termos de fomento e de colaboração: brevíssimos comentários à Lei 13.019 de 2014. *Carta Forense*, 7 jan. 2015. Disponível em: http://www.cartaforense.com.br/m/conteudo/artigos/parcerias-sociais-termos-de-fomento-e-de-colaboracao-brevissimos-comentarios-a-lei-13019-de-2014/14855. Acesso em: 18 fev. 2021.

MARRARA, T.; CESÁRIO, N. A. Chamamento público para parcerias sociais: comentários à Lei nº 13.019/2014. *BLC – Boletim de Licitações e Contratos*, São Paulo, ano 29, n. 8, p. 701-717, ago. 2016.

MARRARA, T.; CESÁRIO, N. A. O que sobrou da autonomia dos estados e municípios para legislar sobre parcerias com o terceiro setor? *In:* MOTTA, F.; MÂNICA, F. B.; OLIVEIRA, R. A. (Coord.). *Parcerias com o Terceiro Setor* – As inovações da Lei nº 13.019/2014. 1. ed. v. 1. Belo Horizonte: Fórum, 2017, p. 87-108.

MATTOS. P. T. L. O sistema jurídico-institucional de investimentos público-privados em inovação no Brasil. *In: Revista de Direito Público da Economia*, Belo Horizonte, ano 7, n. 28, out./dez. 2009.

MENDONÇA, P.; ALVES, M. A.; NOGUEIRA, F. Quadro Geral da Arquitetura de Apoio: tendências e reflexões. *In:* MENDONÇA, P. E. M.; ALVES, M. A.; NOGUEIRA, F. do A. (Org.). *Arquitetura Institucional de Apoio às Organizações da Sociedade Civil no Brasil*. São Paulo: FGV, p. 25-41. Disponível em: http://ceapg.fgv.br/sites/ceapg.fgv.br/files/u26/livro_articulacaod3.pdf. Acesso em: 15 fev. 2021.

MENDONÇA, P.; FALCÃO, D. S. Novo Marco Regulatório para a realização de parcerias entre Estado e Organização da Sociedade Civil (OSC). Inovação ou peso do passado? *Cadernos Gestão Pública e Cidadania*, São Paulo, v. 21, n. 68, p. 42-60, jan./abr. 2016.

MENEZES DE ALMEIDA, F. D. *Contrato Administrativo*. São Paulo: Quartier Latin, 2012.

MENEZES DE ALMEIDA, F. D. *Formação da teoria do direito administrativo no Brasil*. Tese apresentada para concurso de professor titular do Departamento de Direito do Estado da Faculdade de Direito da Universidade de São Paulo. São Paulo, 2013.

MENEZES DE ALMEIDA, F. D. *Contratos Administrativos nos dias atuais*. Belo Horizonte: Fórum, 2015.

MEREGE, L.; BARBORSA, M. N. L. (Org.). *Terceiro Setor. Reflexões sobre o Marco Legal*. Rio de Janeiro: Fundação Getulio Vargas, 1998.

MODESTO, P. (Coord.). *Nova organização administrativa brasileira*. 2. ed. rev. e ampl. Belo Horizonte: Fórum, 2010.

MODESTO, P. Reforma do marco legal do terceiro setor no Brasil. *Revista Diálogo Jurídico*, Salvador, v. 1, n. 5, ago. 2001. Disponível em: http://bibliotecadigital.fgv.br/ojs/index. php/rda/article/download/47266/45373/0. Acesso em: 15 fev. 2021.

MODESTO, P.; CUNHA JUNIOR, L. A. P. (Coord.). *Terceiro setor e parcerias na área da saúde*. Belo Horizonte: Fórum, 2011.

MONTAÑO, C. *Terceiro Setor e Questão Social*: Crítica ao padrão emergente de intervenção social. São Paulo: Cortez, 2002.

MOREIRA NETO, D. F. *Mutações do Direito Administrativo*. Rio de Janeiro: Renovar, 2001.

MOREIRA NETO, D. F. *Curso de direito administrativo*: parte introdutória, parte geral, parte especial. Diogo de Figueiredo Moreira Neto. Rio de Janeiro Forense 2009.

MORO, R, W. *Regimes Jurídicos das Parcerias das Organizações da Sociedade Civil e a Administração Pública – Lei nº 13.019/14*. São Paulo: Matrix, 2016.

MOTTA, F.; MÂNICA, F. B.; OLIVEIRA, R. A. (Coord.). *Parcerias com o terceiro setor*: as inovações da Lei nº 13.019/14. Belo Horizonte: Fórum, 2017.

OLIVEIRA, A. T. M. *Da atuação do terceiro setor por meio das parcerias com o estado e seu controle pelos tribunais de contas*: entre os lindes da transparência e da eficiência. Obra de Mestrado apresentada a Faculdade de Direito da Universidade de São Paulo. 251 p. São Paulo. 2014.

OLIVEIRA, A.; HADDAD, S. As organizações da sociedade civil e as ONGs de Educação. *Cadernos de Pesquisa*, n. 112, p. 61-83, 2001.

OLIVEIRA, G. H. J.; MÂNICA, F. B. *Organizações da Sociedade Civil de Interesse Público: termo de parceria e licitação.* Fórum administrativo – Direito Público, Belo Horizonte, ano 5, n. 49, p. 5225-5237, mar. 2005.

OLIVEIRA, G. H. J. (Org.). *Direito do terceiro setor*: atualidades e perspectivas. Curitiba: Ordem dos Advogados do Brasil, Seção do Paraná, 2006.

OLIVEIRA, G. H. J. (Coord.). *Direito do terceiro setor.* Belo Horizonte: Fórum, 2008.

OLIVEIRA, G. H. J. (Coord.). Estatuto Jurídico do Terceiro Setor: pertinência, conteúdo e possibilidades de configuração normativa. *Série Pensando o Direito. Estado Democrático de Direito e Terceiro Setor*, São Paulo, n. 16, 2009.

ORTEGA, R. R. *Derecho administrativo económico.* 5. ed. Madrid: Marcial Pons, 2009.

ORTIZ, G. A. *Principios de Derecho Público Económico.* Granada: Comares, 1999.

PAES, J. E. S. *Fundações, associações e entidades de interesse social*: aspectos jurídicos, administrativos, contábeis, trabalhistas e tributários. 6. ed. rev. atual. ampl. Brasília: Brasília Jurídica, 2006.

PAES, J. E. S. Terceiro Setor: conceituação e observância dos princípios constitucionais aplicáveis à Administração Pública. *Fórum Administrativo – Direito Público*, Belo Horizonte, ano 5, n. 48, p. 5093-5098, fev. 2005.

PARADA, R. *Derecho Administrativo I, Parte General.* Madrid, 2010.

PEREIRA, C. F. O. *O novo direito administrativo brasileiro*: o público e o privado em debate. Belo Horizonte: Fórum, 2010.

PEREZ, M. A. Organizações Sociais para a gestão de parques tecnológicos. *In*: MARQUES, Floriano de Azevedo; ALMEIDA, Fernando Dias Menezes de; NOHARA, Irene Patrícia; MARRARA, Thiago (Coord.). *Direito e administração pública*: estudos em homenagem a Maria Sylvia Zanella Di Pietro. São Paulo: Atlas, 2013.

PINTO, B. L. A. *O regime jurídico dos contratos de colaboração entre o estado brasileiro e o terceiro setor.* Obra de Mestrado apresentada à Faculdade de Direito da Universidade de São Paulo. 157 p. São Paulo. 2015.

PINTO, M. A. C.; PAULA, P. B.; SALLES, A. B. T. A Revitalização do Sistema Público de Fomento como Canal para Acesso Financeiro por MPMEs. *Revista do BNDES*, Rio de Janeiro, n. 27, p. 141-162, 2007.

POZAS, J. Ensayo de una Teoría del Fomento en el Derecho Administrativo. *Revista de Estudios Políticos*, n. 48, 1949.

REGULES, L. E. P. *Terceiro setor*: regime jurídico das OSCIPs. São Paulo: Método, 2006.

RENZETTI, B. P. Marco regulatório das Organizações da Sociedade Civil à luz do Direito Administrativo Global. *Revista Digital de Direito Administrativo*, v. 4, n. 1, p. 92-111, 2017.

REFERÊNCIAS | 157

REVISTA DA PROCURADORIA-GERAL DO ESTADO DE SÃO PAULO. *Estudos em homenagem à Ana Maria Oliveira de Toledo Rinaldi*. São Paulo, jul./dez. 2014.

ROCHA, S. L. F. *Terceiro Setor*. São Paulo: Malheiros Editores, 2006.

ROCHA, S. L. F. *Manual de Direito Administrativo*. São Paulo: Malheiros Editores, 2013.

ROSILHO, A. As licitações segundo a Lei 8.666/93: um jogo de dados viciados. *In: Revista de Contratos Públicos*, vol. 2, 2012.

SALINAS, N. S. C. Ensino jurídico e terceiro setor: contribuições iniciais para a consolidação de uma disciplina de graduação em direito do terceiro setor. *Revista de Direito do Terceiro Setor*, v. 9, p. 61-79, 2015.

SALINAS, N. S. C. *Avaliação Legislativa no Brasil*: um estudo de caso sobre as normas de transferências voluntárias de recursos públicos para entidades do terceiro setor. Obra de Mestrado. Departamento de Direito do Estado. Programa de Pós-Graduação da Faculdade de Direito da Universidade de São Paulo. 256 p. São Paulo, 2008.

SALINAS, N. S. Modelos de controle das parcerias entre Estado e entidades do terceiro setor e desenho institucional das políticas públicas. *Revista de Direito do Terceiro Setor*, v. 7, p. 9-28. 2013a.

SALINAS, N. S. C. *Legislação e políticas públicas*: a lei enquanto instrumento de ação governamental. Tese de doutorado. FD/USP, 2013b.

SALINAS, N. S. C. Mecanismos de Participação Social no Marco Regulatório das Organizações da Sociedade Civil: Avanços e Retrocessos. *Coluna Direito do Estado*, n. 184, ano 2016. Disponível em: http://www.direitodoestado.com.br/colunistas/natasha-salinas/mecanismos-de-participacao-social-no-marco-regulatorio-das-organizacoes-da-sociedade-civil-avancos-e-retrocessos. Acesso em: 19 jan. 2021.

SANTANA, J. E.; ARAUJO, V. F.; ARRUDA, S. O.; VALADARES, M. C. C. *Lei das Parcerias – Lei 13.019/2014*: Comentários e Prática para a implementação. Belo Horizonte: Fórum, 2017.

SECRETÁRIA GERAL DA PRESIDÊNCIA DA REPÚBLICA. Entenda o MROSC: Marco Regulatório das Organizações da Sociedade Civil: Lei 13.019/2014 Secretaria de Governo da Presidência da República, Laís de Figueirêdo Lopes, Bianca dos Santos e Viviane Brochardt – Brasília: Presidência da República, 2016. 130p. Disponível em: http://www.parti cipa.br/articles/public/0039/9448/LIVRETO_MROSC_WEB.pdf. Acesso em: 7 fev. 2021.

SEN, A. *Desenvolvimento como Liberdade*. São Paulo: Companhia das Letras, 2000.

SILVA, M. G. B. B; SILVA, A. M. V. *Terceiro setor*: gestão das entidades sociais: (ONG - Oscip - OS). Belo Horizonte: Fórum, 2008.

SOUZA, A. G.; GOMES, A. V.; DONNINI, T. (Org.). Marco regulatório das organizações da sociedade civil: avanços e desafios. Coleção Sustentabilidade Econômica das Organizações da Sociedade Civil. GIFE. FGV. 2020.

SOUZA, A. G.; LOPES, L. V. C. F.; STUCHI, C. G.; CESARIO, N. A.; WAKS, B. S. *Social participation as a citizens right in a democracy and foundations of the Legal Framework of Civil Society Organizations in Brazil (Law n.13.019/2014)*. Paper presentation - 13th International Conference of ISTR (International Society for Third Sector Research). July, 10-13, 2018.

SOUZA, L. M. *Parcerias entre a administração pública e o terceiro setor*: sistematização e regulação. 2010. (Mestrado em Direito) – Faculdade de Direito – Departamento de Direito do Estado. 288 p. São Paulo, 2010.

SOUZA, R. P. *Controle estatal das transferências de recursos públicos para o terceiro setor*. Tese de Doutorado apresentada à Faculdade de Direito da Universidade de São Paulo. 511 p. São Paulo. 2009.

SUNDFELD, C. A. (Org.). *Contratações públicas e seu controle*. São Paulo: Malheiros, 2013.

SUNDFELD, C. A.; CAMPOS, R. P. Incentivo à inovação tecnológica nas contratações governamentais: um panorama realista quanto à segurança jurídica. *In: Fórum de Contratação e Gestão Pública*, Belo Horizonte, ano 5, n. 60, dez. 2006.

SUNDFELD, C. A.; JURKSAITIS, G. J. (Org.). *Contratos públicos e direito administrativo*. São Paulo: Malheiros, 2015.

SUNDFELD, C. A.; SOUZA, R. P. Parcerias para o desenvolvimento produtivo de medicamentos – A questão do preço. *In: Revista de Direito Administrativo & Constitucional*, Belo Horizonte, ano 14, n. 55, jan./mar. 2014.

SUNDFELD, C. A.; SOUZA, R. P. As modernas parcerias públicas com o terceiro setor. *In: Contratações públicas e seu controle*. São Paulo: Malheiros, 2013, p. 42-78.

SZAZI, E. *Terceiro Setor*: Regulação no Brasil. 3. ed. São Paulo: Peirópolis, 2003.

TACHIZAWA, T. *Organizações Não Governamentais e Terceiro Setor*. São Paulo: Atlas, 2006.

TOURINHO, R. Terceiro Setor no ordenamento jurídico brasileiro: constatações e expectativas. *In:* MODESTO, P. (Coord.). *Nova organização administrativa brasileira*. 2. ed. Belo Horizonte: Fórum, 2010, p. 21-340.

VIOLIN, T. C. *Terceiro setor e as parcerias com a administração pública*: uma análise crítica. 2. ed., rev. e ampl.. Belo Horizonte: Fórum, 2010.

VIOLIN, T. C. Peculiaridades dos convênios administrativos firmados com as entidades do terceiro setor. *In:* GUIMARÃES, E. (Coord.). *Cenários do direito administrativo*: estudos em homenagem ao professor Romeu Felipe Bacellar Filho. Belo Horizonte: Fórum, 2004, p. 485-510.

WALD, A. *O direito de parceria e a Lei de concessões*. Análise das Leis nºs 8.987/95 e 9.074/95 e legislação subsequente. São Paulo: Saraiva, 2004.

WEISBROD, B. A. The Future of the Nonprofit Sector: Its Entwining with Private Enterprise and Government. *Journal of Policy Analysis and Management*, vol. 16, n. 4, p. 541-555, 1997.

ZEN, M. R. L. Licitação e Terceiro Setor: reflexões sobre o concurso de projeto de Lei das OSCIPs. *In:* OLIVEIRA, G. J. (Coord.). *Direito do terceiro setor*. Belo Horizonte: Fórum, 2008, p. 75-98.

Esta obra foi composta em fonte Palatino Linotype, corpo 10
e impressa em papel Pólen Bold 70g (miolo) e Supremo 250g (capa)
pela Gráfica Paulinelli, em Belo Horizonte/MG.